COMITÉ RÉVOLUTIONNAIRE

CLUB DES CLUBS

ET

LA COMMISSION.

Paris.—Imprimerie Dondey-Dupré, rue Saint-Louis, 46, au Marais.

COMITÉ
RÉVOLUTIONNAIRE

CLUB DES CLUBS

ET

LA COMMISSION

PAR

LONGEPIED, FONDATEUR PRÉSIDENT,

ET LAUGIER, SECRÉTAIRE TRÉSORIER.

PARIS

GARNIER FRÈRES, LIBRAIRES, PALAIS-NATIONAL ;

ET CHEZ TOUS LES LIBRAIRES.

1850

COMITÉ
RÉVOLUTIONNAIRE

CLUB DES CLUBS

ET

LA COMMISSION

LONGFIED, HONORAIRE-PRÉSIDENT,
ET GARNIER, SECRÉTAIRE TRÉSORIER.

PARIS

1850

En esquissant l'historique des travaux et des actes du Comité révolutionnaire, Club des clubs, et de sa Commission, nous nous sommes proposé de relever des erreurs, de faire justice de certaines calomnies répandues sur le caractère politique, sur les tendances, soi-disant subversives, de ce centre fédéral des sociétés et des corporations démocratiques.

Les uns lui ont attribué une mystérieuse influence; les autres une prépondérance presque gouvernementale; ceux-ci l'ont représenté comme un foyer de conspirations permanentes, ceux-là ont prétendu qu'il n'était que le conciliabule de complaisants envers les autorités. Ces versions erronées se contredisent, il est vrai, et se ressentent des impressions plus ou moins passionnées, ou d'appréciations intéressées. Il était de notre devoir de présenter les actes, les faits accomplis par les membres du Comité, de la Commission, sous leur véritable jour, de les soumettre à des jugements plus impartiaux.

Le titre de *Révolutionnaire*, adopté par cette réunion démocratique, a prêté à des interprétations sur lesquelles il était bon de répandre la lumière.

En se déclarant *révolutionnaires* dans l'acception logique de ce mot, les membres du Comité, de la Commission, n'ont jamais entendu être assimilés aux anarchistes, aux désorganisateurs, aux démolisseurs. L'anarchie,

c'est la ruine de toute société, de toute nation. L'anarchie rend impossibles toutes réformes sociales, étouffe le développement des
idées.

La révolution, dans ses conséquences, est
la marche du progrès ; elle est l'application,
la mise en œuvre, la réalisation des idées
utiles, jusqu'alors comprimées, refoulées par
les pouvoirs aveugles, insensés. La révolution, c'est le triomphe de l'égalité, de la liberté, de la fraternité. Les révolutionnaires
aspiraient donc à constituer, à édifier un
nouvel ordre de choses en parfaite harmonie
avec les améliorations impérieusement récla-
mées par l'opinion publique ; ils repoussaient
toutes secousses violentes, périodiques ; ils
répondaient aux nécessités de la civilisation.

Telle a été la pensée du Comité. De nos
jours, le but de la démocratie ne peut être
qu'humain, moral, plein de dignité : il ne

saurait se baser que sur l'amour de l'humanité, source inépuisable de consolations pour les souffrances passées, source féconde pour l'avenir.

Amis sincères de la République, terme sacré des bouleversements sociaux, les citoyens, animés de l'esprit révolutionnaire, voulaient, comme ils l'ont toujours voulu, comme ils le voudront toujours, consolider, affermir cette institution du gouvernement de tous et par tous.

Que nos adversaires politiques nous aient confondus à plaisir avec ces hommes prêts à combattre constamment, même le progrès, cela se conçoit; mais c'est une supposition que nous tenions à honneur de repousser.

Ce que nous avons vu avec peine, c'est que des individus se soient laissés prendre à ces machinations de parti, c'est qu'ils aient prêté l'oreille à d'odieuses imputations. Est-ce jalousie? est-ce faiblesse d'esprit? nous l'ignorons. Quoi qu'il en soit, sans haine, sans récriminations, nous avons réduit à néant ces accusations sourdement colportées. Nous avons produit les preuves de leur fausseté.

Il n'est pas jusqu'à nos relations avec de hauts personnages, qu'on ait travesties, peut-être dans un intérèt que nous ne voulons pas qualifier. Nous avons rapporté les entretiens de la Commission avec certains membres du Gouvernement provisoire, exploités par nos adversaires et par nos calomniateurs.

Qu'on ne cherche pas dans cette esquisse rapide un panégyrique de notre conduite; c'est un exposé succinct, fidèle, des circonstances où nous nous sommes trouvés, des événements dont nous avons été témoins, des intentions bien arrêtées qui nous ont dirigés. Nous désirons que ceux qui ne nous ont pas épargné leurs attaques, puissent à leur tour, s'ils étaient soupçonnés, prouver, comme nous le faisons, l'absurdité des mensonges qu'on s'est efforcé d'accréditer.

En un demi-siècle, la France avait vu passer sur la scène mobile du pouvoir le gouvernement des priviléges, le gouvernement de violence, le gouvernement de conquête, le gouvernement d'égoïsme; tous avaient péri à l'œuvre; tous s'étaient ensevelis dans leur propre impuissance : sur les débris du vieux monde, le peuple, le 24 février 1848, proclamait la République démocratique.

Devait-on dévier insensiblement de l'ornière du passé, arriver d'amélioration en amélioration lentement à un nouvel ordre de choses, ou fallait-il rompre brusquement avec les traditions monarchiques? Le moment n'était-il pas arrivé de substituer à l'égoïsme qui isole, *la fraternité* qui unit; de mettre nos institutions en harmonie avec *la liberté*, d'assurer *l'égalité*, en effaçant, dans la mesure du possible, les inégalités sociales, de garantir au peuple le travail qui lui fournit les ressources de la vie? Tel était le problème social.

Dès le principe, les opinions se divisèrent, même au sein du Gouvernement provisoire. Les uns se traînèrent timidement dans la voie du progrès; les autres poursuivirent résolument les conséquences logiques de la Révolution. Les premiers, en voulant arrêter et limiter la Révolution, en ont perpétué les causes; les seconds, paralysés dans leurs généreux efforts, n'ont pu régler l'esprit révolutionnaire dans son développement.

Le mot révolutionnaire, nous ne le nierons pas, est pour certaines classes de la société un sujet de terreur; pour quelques-uns un sujet de calomnie; pour les partisans du privilége, du despotisme, un scandale, pour bien des gens une énigme.

Rallions du moins tous les bons citoyens aux principes de l'intérêt public, en nous expliquant sur son sens réel. Laissons parler l'auteur de la *Déclaration des Droits de l'homme*, et du *citoyen* Robespierre, cet homme encore incompris.

« La fonction du gouvernement révolutionnaire est de diriger les forces morales et physiques de la nation vers le but de ses institutions ; le but du gouvernement constitutionnel est de conserver la République ; celui du gouvernement révolutionnaire de la fonder.

» La révolution est la guerre de la liberté contre ses ennemis ; la constitution est le régime de la liberté victorieuse et paisible.

» Si le gouvernement révolutionnaire doit être plus actif dans sa marche et plus libre dans ses mouvements que le gouvernement ordinaire, en est-il *moins juste et moins légitime?* Non. Il est appuyé sur la plus sainte de toutes les lois, *le salut du peuple*, sur le plus irréfragable de tous les titres, *la nécessité.*

» Ses règles sont toutes puisées dans la justice et dans l'ordre public, il *n'a rien de commun avec l'anarchie ni le désordre.* Son but, au contraire, est de le réprimer pour assurer et affermir le règne des lois : il *n'a rien de commun avec l'arbitraire*, ce ne sont pas les passions particulières qui doivent le diriger, mais l'intérêt public. Il doit voguer entre deux écueils, *la faiblesse et la témérité, le modérantisme et l'excès : le modérantisme qui est à la modération ce que l'impuissance est à la chasteté, et l'excès qui ressemble à l'énergie comme l'hydropisie à la santé.*

» Tous les ennemis de la liberté veillent pour tourner contre lui, non-seulement ses fautes, mais même ses mesures les plus sages. Frappe-t-il ce qu'on ap-

pelle *exagération*, ils cherchent à relever *le modérantisme et l'aristocratie*. S'il poursuit ces deux monstres,
ils prêchent de tout leur pouvoir *l'exagération*. Il est
dangereux de leur laisser les moyens d'égarer le zèle
des bons citoyens ; il est plus dangereux encore de
décourager et de persécuter les bons citoyens qu'ils
ont trompés. Par l'un de ces abus, la République ris-
querait d'expirer dans un mouvement convulsif ; par
l'autre, elle périrait infailliblement de langueur.

» Que faut-il donc faire ? Poursuivre les inventeurs
coupables de systèmes perfides, protéger le patriotisme
même dans ses erreurs, éclairer les patriotes et élever
sans cesse le peuple à la hauteur de ses droits et de ses
destinées.

». Si vous n'adoptez cette règle, *vous perdez tout*. S'il
fallait choisir entre un excès de ferveur patriotique et
le néant de l'incivisme, ou *le marasme du modérantisme*, il n'y a pas à balancer : un corps vigoureux,
tourmenté par une surabondance de sève, laisse plus
de ressources qu'un cadavre.

» Si vos ennemis veulent réveiller la jalousie, la
défiance, annuler et avilir le gouvernement républicain dès sa naissance, donnez-lui l'activité, le ressort,
la considération dont il a besoin. S'ils veulent que le
vaisseau de la République flotte au gré des tempêtes,
sans pilote et sans but, saisissez le gouvernail d'une

main ferme et conduisez-le à travers les écueils au port de la paix et du bonheur.

» La force peut renverser un trône, *la sagesse seule peut affermir la République :* démêlez les piéges des moyens perfides de nos ennemis, soyez *révolutionnaires et politiques* » (1).

Que pourrait-on ajouter à cet exposé des théories du gouvernement révolutionnaire? Rien.

Les démocrates, fussent-ils de la veille ou du lendemain, voulant tous consommer la révolution par la fraternité, aucun d'eux ne pensait, pour nous servir des expressions de Vergniaud, que, semblables aux prêtres et aux farouches ministres de l'inquisition, qui ne parlent de leur dieu de miséricorde qu'au milieu des bûchers, les républicains dussent parler de liberté au milieu des poignards et des bourreaux.

Mais de ténébreuses manœuvres, des rancunes, des ambitions déçues, des amours-propres froissés, des intérêts blessés, de basses jalousies travestirent à plaisir leurs inspirations. Voilà d'où proviennent nos vicissitudes politiques.

Quand le ridicule, l'odieux furent déversés par la réaction sur le berceau de la République, lorsqu'on exhumait le fantôme effrayant de la terreur, des \

(1) *Moniteur* du 20 novembre 1792.

hommes d'un patriotisme sincère s'efforcèrent de paralyser ces intrigues coupables, de créer des centres d'action et d'enseignement, afin de faire pénétrer partout les sentiments de liberté, d'égalité et de fraternité.

Presque tous avaient lutté longtemps contre les instruments d'un pouvoir insensé : ils avaient vivifié leurs forces dans un combat inégal et terrible. Vaincus par le nombre et par l'arbitraire, ils avaient néanmoins ouvert la voie de l'avenir. Vainqueurs, ils se crurent le droit d'aider aux premiers pas, de concourir aux premiers travaux, de diriger les sublimes efforts du régime qu'ils avaient préparé.

L'association était conquise comme droit ; ils formèrent ces assemblées populaires destinées à agir directement et avec puissance. Par elles, le peuple devait apprendre ce qu'il pouvait exiger de ceux qui le représentaient ; c'était l'action de la pensée, c'était l'élaboration des jugements populaires, c'était la parole des masses.

C'était surtout à l'approche des élections qu'il importait d'éclairer l'erreur et de parler à tous, au nom de tous, des droits que tous avaient à exercer avant un mois. Au lieu de s'épuiser dans les clameurs stériles de l'isolement, de s'affaisser sous le poids des vœux dédaignés, les bons citoyens se trouvaient appelés à apporter le concours de leur intelligence au

Gouvernement provisoire, à consolider, à étendre la conquête de la civilisation. Ils usaient de leur droit; ils remplissaient un devoir.

Tel est le but où tendaient la société fraternelle, présidée par Cabet; la société centrale républicaine, présidée par Blanqui; le club des émigrés italiens, présidé par Joseph Mazzini; le club des Droits de l'homme, présidé par Villain; le club démocratique central, présidé par Guinard; le club des Gravilliers, le club du Progrès, le club des hommes libres, et peut-être le comité préparatoire de l'Assemblée nationale, qui comptait parmi ses membres, MM. Berger, Dugabé, Fould, Mahul, Poujoulat, le vicomte de la Valette, Liadières, le duc de Fezensac, le duc de Richelieu, le comte d'Anthouard, de Crillon, de Noé, de Vatimesnil, duc de Noailles, Viennet, comte Beugnot, de Chastellux, duc de la Force, la Rochejaquelein; le club républicain du 2ᵉ arrondissement, dont M. Baroche fut élu vice-président.

Chaque jour, de nouveaux clubs s'organisaient, soit à Paris, soit en province. Alors ces assemblées, composées d'ex-députés, d'ex-pairs, de magistrats, de juges, de philosophes, d'hommes de lettres, de commerçants, d'artistes, d'ouvriers, n'étaient pas dénoncés comme des écoles de mensonge, de désordre, de brigandages. On n'osait dire qu'elles prêchaient la violation des lois, le mépris de la propriété: personne ne se faisait le plagiaire d'André Chénier, l'écho de ses diatribes de 1792.

« A moins d'être un *fripon* ou un *imbécile*, avait-il dit, il faut convenir que les clubs tendent à l'*anéantissement* de la *constitution*, de la société, que leur organisation est un système complet de *désorganisation sociale* ; leur destruction est le seul remède aux maux de la France ; leur *mort* sera un jour de fête et d'allégresse *publique*. »

On aurait certainement répondu, comme répondait lui-même Joseph-Marie Chénier, en citant comme autorité, non Sieyès ou Mirabeau, mais un publiciste de la chambre haute d'Angleterre, un modéré.

« Lisez Delolme sur la constitution de l'Angleterre (1), vous y verrez jusqu'où s'étend l'influence politique des clubs anglais. C'est au milieu de cette désorganisation sociale que l'Angleterre a fait depuis cent années l'admiration et l'envie de tous les peuples du monde. C'est de ces sociétés que les Fox, les Shéridan, les Price, les Priestley, les Wilberforce ont préparé l'abolition de la traite. C'est de là qu'ils nous encourageaient à la liberté ; c'est de là que l'éloquence des orateurs, les méditations des philosophes accélèrent chaque jour la destruction des préjugés

(1) Tome 2, page 178.

politiques et religieux, la perfection des lois sociales
et le bonheur de l'espèce humaine.

« Tous les partis contre-révolutionnaires et modéra-
teurs, soit au dedans soit au dehors, se sont coalisés
pour détruire les sociétés patriotiques ; lorsque tous
les partis qui veulent anéantir ou modifier la constitution, *les rois, les ci-devant nobles, les ci-devant parlementaires, les prêtres, les grands propriétaires, les agio-
teurs,* divisés d'opinion sur tout le reste, sont réunis
sur ce point seul ; cette haine unanime me démontre
jusqu'à l'évidence l'*utilité,* la *nécessité* des sociétés patriotiques, et je demeure convaincu que malgré les
inconvénients attachés à tous les établissements hu-
mains, il faut *chérir* et *défendre* ces clubs, comme le
plus ferme rempart de la liberté et de l'égalité. »

Chénier ne s'arrêtait pas là ; il allait plus loin ; pour
prouver qu'un gouvernement institué se complaît
parfois et dans certaines circonstances, dans l'inertie,
qu'il ne veut pas agir quand il le peut, il se livrait à ces
appréciations sur le gouvernement de cette époque :

« Vous ne concevez pas qu'un gouvernement institué ne veuille pas agir quand il le peut ; rien n'est
pourtant plus facile à concevoir. En effet, si le chef
suprême du pouvoir exécutif avait le mauvais esprit
d'être mécontent de sa position constitutionnelle, s'il

était environné de ci-devant nobles, qui voudraient ressusciter la noblesse; de prêtres conspirateurs, qui voudraient étouffer la constitution entière; s'il existait dans toutes les administrations, même dans celles qui sont du choix du peuple, une foule d'hommes liés par leur intérêt personnel à ses projets liberticides, tous les habiles gens suivraient à la fois un système d'inertie; ils attribueraient d'abord cette inertie aux sociétés populaires dont ils craignent la surveillance. S'ils parvenaient à détruire ces sociétés, bientôt ils diraient que la constitution n'a point donné assez de force au gouvernement. De là ils proposeraient quelques lignes d'amendement à la constitution, comme, par exemple, l'extension de la prérogative royale et la résurrection de la noblesse. Quand les faits n'existeraient pas au milieu de nous, certes, leur existence est possible. Il est donc aisé de concevoir comment un gouvernement institué ne veut point agir quand il le peut.

Malgré l'hostilité que les clubs ont soulevée, alors on les cajolait, on les courtisait, on les préconisait. M. Lamartine lui-même, qui depuis a dit avoir joué le rôle d'un paratonnerre, remerciait en ces termes une députation du Marais :

« Nous commençons par vous remercier, au nom

du Gouvernement provisoire de la République, de la confiance que vous voulez bien témoigner à ses membres par la démarche que vous faites en ce moment.

» Nous ne sommes pas *et nous ne serons jamais de ces mauvais gouvernements qui craignent la voix du peuple et les avertissements des citoyens.* Nous serons toujours un gouvernement qui *provoque la surveillance des citoyens* dans les associations de tout genre. Nous nous félicitons de votre avertissement ; nous vous en félicitons. »

Parmi les décrets du Gouvernement provisoire, le plus révolutionnaire est celui qui a établi le suffrage universel et qui l'a organisé avec le scrutin de liste et l'élection directe. Avoir élargi le cercle électoral dans de telles proportions, c'est avoir proscrit à jamais la monarchie. Il était à craindre que dans une première épreuve l'arme populaire ne fût tournée contre le peuple. C'était la pensée du pouvoir, de Ledru-Rollin surtout, et dans une de ses circulaires, il s'exprimait en ces termes :

« Les élections sont notre grande œuvre : elles doivent être le salut du pays. C'est de la composition de l'Assemblée nationale que dépendent nos destinées. Il faut qu'elle soit animée de l'esprit révolutionnaire, sinon nous marchons à la guerre civile et à l'anarchie. A ce sujet, mettez-vous en garde contre les intrigues des hommes à double visage, qui, après avoir servi la royauté, se disent les serviteurs du peuple. Ceux-là vous trompent, et vous devez refuser leur appui. Sachez bien que, pour briguer l'honneur de siéger à l'Assemblée nationale, il faut être pur des traditions du passé. Que votre mot d'ordre soit partout : Des hommes nouveaux, et autant que possible sortant du peuple.

» Les travailleurs, qui sont la force vive de la nation, doivent choisir parmi eux ceux que recommandent leur moralité, leur dévouement : réunis à l'élite des penseurs, ils apporteront à la discussion de toutes les grandes questions qui vont s'agiter l'autorité de leur expérience pratique ; ils continueront la révolution, et la contiendront dans les limites du possible et de la raison. Sans eux, elle s'égarerait en vaines utopies, et serait étouffée sous l'effort d'une faction rétrograde. Eclairez les électeurs, et répétez-leur sans cesse que le règne des hommes de la monarchie est fini.

» L'éducation du pays n'est pas faite : c'est à vous de le guider. Provoquez sur tous les points de votre département la réunion de comités électoraux ; examinez sévèrement les titres des candidats ; arrêtez-vous

à ceux-là seulement qui paraissent présenter le plus
de garanties à l'opinion républicaine, le plus de
chances de succès. Pas de transactions, pas de complaisances. Que le jour de l'élection soit le triomphe
de la révolution. »

Pas de transactions avec les ennemis de la République, pas de complaisances, telle fut également la
recommandation des clubs démocratiques.

Au milieu d'eux se distinguait, par le caractère
connu de ses membres, le nombre de ses adhérents,
le club de la Révolution.

Le jour fixé pour le scrutin paraissait trop rappro-
ché à un grand nombre de républicains; ils se pro-
posaient d'en demander l'ajournement à une époque
plus éloignée, lorsque l'émeute des bonnets à poil
précipita cette démarche.

Une minorité de gardes nationaux, offusquée des
dispositions qui supprimaient dans les légions les ri-
dicules distinctions de grenadiers et de voltigeurs,
engouée de la coiffure incommode qui l'assimilait
toutefois, dans les parades, aux vieilles phalanges de
l'empire, jugea convenable de s'insurger contre le
nouveau décret, dicté par une sage égalité.

Le placard suivant fut apposé dans Paris et dans la banlieue le 15 mars :

« Un arrêté du ministre de l'intérieur dissout les compagnies de grenadiers et de voltigeurs. Cette mesure *a soulevé de toutes parts* un mécontentement dont on *a résolu* de porter l'expression aux membres du Gouvernement provisoire.

» A cet effet, les légions de Paris et de la banlieue, grenadiers, *chasseurs* (qu'importait cette mesure aux chasseurs ?) et voltigeurs se réuniront demain 16 mars, à une heure précise, pour se rendre à l'hôtel de ville et présenter une *protestation unanime.*

» Le rendez-vous de chaque légion a été fixé ainsi qu'il suit : (Nous supprimons les détails.)

» On marchera en colonnes serrées, de douze files sur trois rangs.

» Tous les hommes habillés se revêtiront de leur uniforme, en képi ou en bonnet de police pour les grenadiers ou les voltigeurs ayant bonnet à poil. »

Quelle différence entre les protestations paisibles des ouvriers ou des clubs qui faisaient parvenir leurs réclamations, soit par quelques membres de leur bureau, soit par quelques citoyens officieux, et cette démonstration turbulente de gardes nationaux se disant d'élite ! Les corporations ouvrières, les clubs protestèrent contre cette coupable imprudence. En quelques heures, les délégués, réunis en comité depuis le 14 mars, rue Boucher, n° 1, les délégués des corporations et les chefs du parti républicain préparèrent l'imposante manifestation du 17 mars. Des historiens, des pamphlétaires ont à l'envi dénaturé le but réel de cette protestation; ils ont échafaudé une sorte de complot tendant à modifier le Gouvernement. On a été jusqu'à dire qu'on voulait *le jeter par les fenêtres.* Certes, tous les membres du Gouvernement provisoire n'inspiraient pas une égale confiance aux démocrates; mais, de cette défiance, trop justifiée depuis, au projet arrêté de renverser ce qui était établi, il y avait tout un abîme; et si, par hasard, quelques personnes rêvèrent un pareil coup d'état, elles durent être déconcertées par l'attitude de la population. Pour nous, la pensée de l'immense majorité de ceux qui prirent part à ce grand acte nous apparaît sous son véritable jour dans les pièces que nous allons citer.

Dès le matin, la proclamation suivante était affichée :

« Le peuple a été héroïque pendant le combat, généreux après la victoire, magnanime assez pour ne pas punir. Il est calme, parce qu'il est fort et juste.

» Que les mauvaises passions, que les intérêts blessés se gardent de le provoquer !

« »Le peuple est appelé aujourd'hui à donner la haute direction morale et sociale.

»Il est de son devoir de rappeler fraternellement à l'ordre ces hommes égarés qui tenteraient encore de se maintenir en corps privilégiés dans le sein de l'égalité.

» Que le peuple se rassemble donc aujourd'hui 17, à dix heures du matin, sur la place de la Révolution. Qu'il exprime sa volonté.

» Nous avons versé notre sang pour la défense de la République : nous sommes prêts à le verser encore. Nous attendons, nous qui manquons souvent du nécessaire.

» A cette heure, ceux qui marchent contre la Révolution, ouvertement ou sourdement, commettent un crime de lèse-humanité.

» A nous donc, citoyens ! *Allons au Gouvernement provisoire l'assurer de nouveau que nous sommes prêts à lui donner notre concours pour toutes les mesures d'ordre, d'unité et de salut public.*

» Vive la République !

D. SOBRIER, CAHAIGNE, PILHES, ROZIÈRES, GANNEAU, LECHALLIER, IMBERT. »

Le citoyen Cabet, dans le *Populaire*, indiquait nettement les intentions intimes de la démocratie. Son article se terminait par ces mots :

« Nous formons notre demande (il s'agissait de l'ajournement des élections) *sans haine et sans menace*, comme des citoyens qui connaissent leurs devoirs et leurs droits. Puisse le Gouvernement provisoire *accéder à nos vœux!*

» Puisse-t-il, fidèle à ses engagements, comprenant toute la grandeur de sa *mission révolutionnaire et humanitaire*, s'appuyant résolument sur le peuple, ne laisser désormais aucune inquiétude aux amis de la République, comme aucune espérance à ses ennemis. »

Enfin, quelle était l'adresse dont l'ouvrier Girard donna lecture aux membres du Gouvernement provisoire, lorsque près de deux cent mille citoyens attendaient avec calme la prise en considération de leurs vœux La voici :

« Citoyens,

» Vous avez proclamé que vous vouliez la révolution, la souveraineté du peuple, la démocratie, la république, une constitution faite par une assemblée nationale.

» Vous avez déclaré que tous les citoyens étaient

gardes nationaux et que tous devaient concourir aux élections de la garde nationale.

» Vous avez déclaré que vous vouliez de véritables élections, une véritable assemblée nationale, une véritable constitution.

» C'est pourquoi nous nous sommes ralliés autour de vous et vous avons donné notre appui.

» Cependant les autorités subalternes chargées de préparer l'inscription pour la garde nationale ont négligé les moyens de rendre cette garde nationale complète, et si les élections étaient faites le 25, il n'y aurait pas de véritable garde nationale.

» D'ailleurs, le peuple n'a pas eu le temps de se concerter et de s'éclairer sur les choix à faire, et par conséquent il n'y aurait pas de véritables élections.

» Il en est de même des autres élections. Si l'on veut avoir une véritable assemblée nationale qui puisse consolider la révolution et la République, il est indispensable que tous les citoyens soient inscrits sur les listes électorales, et qu'ils aient le temps de s'éclairer et de s'entendre pour voter avec une certaine indépendance et une parfaite connaissance de cause.

» Mais, pour que les élections, pour que la garde nationale soient parfaitement indépendantes et libres, il est nécessaire qu'il n'y ait dans la capitale aucune troupe armée et soldée. Le peuple considère les soldats comme des frères, et veut toujours fraterniser avec eux. Mais le principe démocratique exige qu'il n'y ait que des citoyens là où le peuple et ses représentants ont à délibérer.

» En conséquence, citoyens, nous venons vous apporter le vœu du peuple de Paris, et vous demander en son nom :

» 1° L'éloignement des troupes ;

» 2° L'ajournement au 5 avril de l'élection pour la garde nationale ;

» 3° L'ajournement au 31 mai des élections pour l'Assemblée nationale.

» Citoyens du Gouvernement provisoire, nous ne pouvons le dissimuler, *des manœuvres contre-révolutionnaires pourraient mettre en péril la paix publique et la révolution, si votre patriotisme et votre dévouement ne venaient pour nous défendre et nous sauver tous.*

» Hier une manifestation menaçante avait pour but de *vous ébranler*, nous y répondons aujourd'hui par une manifestation pacifique *pour vous défendre et nous défendre avec vous.*

» Que le Gouvernement provisoire s'appuie résolument sur un peuple brave et généreux ; qu'il lui donne l'exemple de l'*union*, de l'*unité*, de la confiance et de la fermeté, et l'ordre sera solide comme la liberté, et la République triomphante fera l'honneur de la France et commencera le bonheur de l'humanité. »

Etait-ce là une compression exercée sur le Gouvernement ? Louis-Blanc, Lamartine, accueillirent l'offre du concours national, et leurs paroles reproduites dans la circulaire du ministre de l'intérieur, au nom du Gouvernement provisoire tout entier, ne permet aucun doute sur l'impression laissée par la manifestation du 17 mars.

« L'imposante manifestation par laquelle le peuple de Paris a répondu à la *démarche* inconsidérée de quelques compagnies de la garde nationale, a un sens général et profond et qui dépasse de beaucoup l'à-propos de la circonstance.

» Elle ne dit pas seulement que la population de Paris entend se porter *tout entière et sans distinction garante de la paix publique*; elle ne prouve pas seulement que cette unanimité du sentiment de l'ordre existe en fait, et peut se réaliser dans l'organisation régulière et dans la discipline ; elle ne promet pas seulement à Paris une garde nationale immense, d'où les malfaiteurs et les gens de mauvaises mœurs seuls seront exclus, et où tout ce qui est animé d'intentions honnêtes viendra faire corps et constater en une seule âme une incomparable puissance civique.

» Non. Elle signifie plus et mieux que cela : elle annonce que la France a compris les nouvelles mœurs publiques qu'exige le gouvernement républicain. »

Au milieu de la tranquillité dont jouissait la capitale, les clubs reprirent leurs travaux. Pénétrés de l'importance des élections, ils stimulèrent le zèle intelligent de tous les citoyens. Dès le 18 mars on lisait la proclamation suivante :

COMITÉ RÉVOLUTIONNAIRE POUR LES ÉLECTIONS.

« Citoyens,

» Le salut de la République dépend de l'Assemblée nationale.

» Il faut que l'Assemblée nationale représente le sentiment et la volonté du peuple. Tous nos efforts doivent donc tendre à nommer pour représentants du peuple des républicains décidés à faire triompher la cause de l'égalité. Nous n'avons encore que le nom de République, il nous faut la chose.

» La réforme politique n'est que l'instrument de la réforme sociale. La République devra satisfaire les vœux des travailleurs et le prolétariat. C'est pourquoi les patriotes soussignés ont institué un *Comité central* qui fait appel à tous les vrais républicains, afin de constituer des *comités spéciaux* dans les arrondissements de Paris.

» La réunion générale aura lieu aujourd'hui 18 mars, salle Molière.

« Barbès, Cahaigne, Louchet, Raisan,
Bonnias, Pilhes, Sobrier, Thoré,
Bianchi, Martin-Bernard, Lhéritier
(de l'Ain), Grandmesnil. »

Le projet du comité central et des comités spéciaux donna naissance au Club des clubs, *comité révolutionnaire*, réunion de tous les délégués des sociétés populaires dont l'origine est due à l'initiative du *Club de la Révolution*.

Qu'il nous soit permis de dire quelques mots sur ce club.

Presque tous les citoyens qui, durant le dernier règne, avaient représenté dans la presse, dans les associations politiques, d'abord publiques et plus tard secrètes, dans les conspirations et dans les mouvements insurrectionnels, la tradition révolutionnaire, se concertèrent et formèrent un club destiné à devenir puissant et par le nombre et par la qualité de ses membres.

Barbès, Lamieussens, Longepied, Marc et Numa Dufraisse, Cahaigne, Thoré, Laborde, Pichon, Raisan, etc., formèrent le noyau de ce club et en posèrent les bases.

Aux fondateurs se joignirent ensuite : Napoléon Lebon, Berrier-Fontaine, Sobrier, Proudhon, Etienne Arago.

Ce club prit le nom significatif de *Club de la Révolution*. Il tint sa première séance publique le 21 mars 1848, au théâtre Molière, rue Saint-Martin.

Le bureau provisoire fut composé des citoyens Bar-

bus, président, Sobrier, Numa Dufraisse, Thoré et La-
micussens.

Pour être admis, le récipiendaire devait être pré-
senté par deux membres, et adopté à l'unanimité des
suffrages. Une seule voix négative, le candidat était
ajourné.

Un grand nombre de citoyens furent agréés dans
cette première séance.

Quelques membres manifestèrent le désir de connaître le but de cette association.

Le citoyen Marc Dufraisse, sur l'invitation du président, pour satisfaire à ce vœu, s'exprima ainsi :

« Citoyens,

» Depuis notre victoire de Février, depuis que les
lois contre les associations politiques ont été abrogées
de par l'insurrection, il s'est formé sur le champ de
bataille même un grand nombre de sociétés populaires.

» Tant mieux ! c'est la continuation pacifique de la
lutte armée, c'est le bivouac intellectuel de la vail-
lante cité. L'affluence des travailleurs vers les clubs
est de bon augure ; c'est la preuve de l'intérêt immense que le peuple prend au mouvement révolutionnaire. Il comprend enfin, il sent, il veut que, faite
par lui, la révolution doit être faite pour lui ; il en-

tend, c'est son droit, c'est notre devoir, que la révolution, achetée de son sang, enfante les fruits démocratiques et égalitaires qu'elle porte dans son sein.

» Tant mieux, encore une fois, tant mieux ! Mais il faut nous l'avouer, la plupart des sociétés populaires, jusqu'à ce jour brusquement improvisées, tumultueusement formées, ont plutôt juxta-posé que lié ensemble les citoyens qui les composent. Intérieurement elles ne fonctionnent pas aussi parfaitement que le peuple le désire ; elles sont sans relations entre elles, sans rapports. Il faut, dès le début, couper court et vite à ce mal de l'anarchie.

» Constituer dans Paris un club révolutionnaire ; le composer des hommes qui ont dès longtemps donné à la France des gages éclatants de leur patriotisme ; des républicains éprouvés par la lutte, par le feu, par la persécution et le martyre ; des penseurs et des écrivains qui ont consacré leurs veilles à l'élaboration des grandes idées réformatrices ; réunir sous une même règle les démocrates de vieille date, qui se connaissent entre eux, s'aiment et s'estiment ; les relier ensemble par les liens étroits de sympathies anciennes et d'une solidarité religieuse dans le passé et dans l'avenir : c'est donner à nos concitoyens un exemple de constitution solide et de bonne discipline, utile à suivre pour fonder, avec d'autres groupes civiques, des clubs homogènes et durables ; c'est avoir,

en même temps, organisé, dès les premiers jours de
la révolution, une force intellectuelle et morale qui ne
sera peut-être pas sans influence sur sa marche et ses
destinées.

» Tous, vous sentez l'action immense que notre
club, prudemment recruté, vigoureusement organisé,
bien conduit, peut et doit exercer sur les événements
contemporains. Des vétérans comme vous n'ont pas
besoin, pour la comprendre, d'entendre développer
cette pensée.

» Aussi n'avez-vous demandé à connaître que le
but spécial, actuel et immédiat du *Club de la Révolution*. Son but, dans l'acception la plus large du mot;
son but ultérieur, permanent, sa fonction dans les
temps que nous allons traverser, son œuvre à entre-
prendre et à accomplir, le *Club de la Révolution* le
dira plus tard; l'exposé de ses principes, de ses
moyens, de ses doctrines, de ses tendances, de la fin
suprême vers laquelle il marchera, ne peut être que
le travail médité, mûri, nettement formulé, d'un comité que vous choisirez dans votre sein. Je dois, vous
le sentez bien, décliner cette tâche trop lourde pour
moi. Je ne puis ni ne veux en prendre le labeur et la
responsabilité exclusifs.

» Je n'ai pas d'autre intention, comme vous n'avez
pas d'autre désir, que de préciser le but prochain et
transitoire de notre association.

» Les clubs de Paris, je le disais en commençant, n'ont entre eux aucun lien d'affinité, aucune force de cohésion ; ils sont éparpillés, sans communication entre eux, anarchiques enfin intérieurement et extérieurement. Ils se régulariseront eux-mêmes par leur action propre sur eux-mêmes, sur leurs éléments ; leur spontanéité intelligente ne faillira point à ce travail.

» Mais ce n'est là que la moitié du bien et du bon. Il faut les rapprocher entre eux ; non pas que nous aspirions à les fondre en nous, non : nous ne visons pas à cette dictature.

» Nous nous bornerons à les inviter tous par des messages à déléguer chacun un certain nombre de citoyens dont le concours constituera un club central de tous les clubs. Cette assemblée, que j'appellerai fédérale, sera le point de jonction où convergeront les pensées de chaque société populaire, d'où rayonneront vers chaque club les idées qui se seront révélées par la discussion dans ce centre intellectuel.

» Notre club conservera, lui, aussi longtemps que nous le croirons utile, son existence propre et séparée. Il aura sans doute son influence dans le *Club central*, auquel nous allons concourir. Chacun de vous, à raison de ses antécédents et de la confiance qu'il inspire, peut espérer d'y obtenir une large part de crédit et d'action ; mais ce crédit sera tout personnel, cette action toute individuelle. Notre club, que cela soit bien compris entre nous, n'entend et ne veut avoir sur les autres clubs aucune suprématie absorbante; il se bornera à provoquer une centralisation aussi complète et aussi vigoureuse que possible. Voilà toute son ambition.

» Nous nous proposons aussi un second but. La grande œuvre du moment, l'œuvre capitale, ce sont les élections des représentants à l'Assemblée nationale constituante.

» Le *Club de la Révolution* ne peut pas, ne doit pas rester muet, inactif et impassible dans cette lutte solennelle de l'opinion. Un comité, pris dans son sein, se consacrera tout entier à ce travail. Il appuiera à Paris et dans les départements les candidatures radicalement démocratiques et leur prêtera un concours actif, énergique, par ses émissaires et par ses publications. Il s'efforcera d'ouvrir les portes de la Constituante aux hommes qui représentent les intérêts et les besoins populaires, les droits de la classe la plus nombreuse et la plus pauvre, les vœux légitimes des vingt-six millions de déshérités; il recueillera dans son sein et donnera une tribune révolutionnaire aux républicains de toutes les écoles socialistes. Il faut que toutes les idées réformatrices aient leur auditoire et leur trépied.

» Enfin, le *Club de la Révolution* prêtera un appui loyal et énergique, un concours sincère et vigoureux au Gouvernement provisoire de la République. Nous avons le courage de le dire : tous les hommes qui siégent à l'hôtel de ville, pris individuellement, ne nous inspirent ni la même confiance ni la même sympathie. Il en est que nous entourons, plus que d'autres, de nos affections révolutionnaires, parce qu'ils nous paraissent représenter plus complétement l'esprit de la révolution et ses tendances égalitaires ; mais nous croyons devoir, quant à présent, les étayer tous collectivement de notre appui. Nous défendrons les élus de l'insurrection, ceux que le peuple en armes a oints et sacrés ; nous les défendrons non parce qu'ils sont le dernier mot du progrès et de la réformation , mais parce que, pour le moment, ils incarnent la victoire de février. Nous les défendrons comme la veille du 10 août Robespierre et les Jacobins défendaient la constitution de 91 ; nous les défendrons contre l'esprit de réaction d'une part, et de l'autre contre l'imprudence et l'exagération de certaines impatiences, de certaines témérités. Nous défendrons surtout, dans le cas où l'accord entre eux viendrait à se rompre, nous défendrons ceux qui ont le mieux accusé et accentué le sentiment et la tradition révolutionnaires qui vivent en nous. (Assentiment unanime.)

» Mais nous devons aussi exprimer loyalement et hautement nos réserves. Notre appui ne sera point aveugle : tant que la dictature marchera dans le mouvement que l'insurrection lui a imprimé, nous serons avec elle, nous serons pour elle ; notre concours est à ce prix. Mais nous la surveillerons sans cesse ; nous la tiendrons à l'œil, si je puis ainsi parler. Et si l'Hôtel de ville violait les conditions de son investiture, nous reprendrions aussitôt l'allure que nous avons toujours gardée contre ceux qui oublient leur devoir et la sainteté de leur mission ! » (Mêmes marques d'assentiment.)

Après cet exposé, le club nomma pour président Armand Barbès, et membres du bureau les citoyens Thoré, Marc Dufraisse, Etienne Arago et Sobrier. Les citoyens Longepied, Paul Guichenet et Gornet furent élus délégués près la réunion des clubs de Paris.

Nous ne pensons pas qu'il soit hors de propos de mentionner d'autres tentatives infructueusement faites de centraliser les clubs de la capitale.

Le *Courrier Français* indiquait une salle derrière la Sorbonne. Une affiche ainsi conçue fut apposée sur les murs de Paris :

AUX CLUBS DÉMOCRATIQUES DE PARIS.

« La République serait un mensonge si elle ne devait être que la substitution d'une forme de gouvernement à une autre.

»Il ne suffit pas de changer les mots, il faut changer les choses.

» La République, c'est l'émancipation des ouvriers, c'est la fin du règne de l'exploitation, c'est l'avénement d'un ordre nouveau qui affranchira le travail de la tyrannie du capital.

Liberté, Egalité, Fraternité,

cette devise qui brille au fronton de nos édifices ne doit pas être une décoration d'opéra. Point de hochets ! nous ne sommes pas des enfants. Il n'y a pas de liberté, quand on manque de pain. Il n'y a pas d'égalité, quand l'opulence s'étale à côté de la misère. Il n'y a pas de fraternité, quand l'ouvrière se traîne avec ses enfants affamés aux portes des palais.

» Du travail et du pain !

» L'existence du peuple ne peut rester à la merci des frayeurs et de la malveillance des capitaux.

» Les sociétés populaires qui partagent ces principes sont invitées à choisir trois délégués, qui se réuniront en comité central des élections, dimanche 26 mars, à onze heures précises du matin, au Conservatoire des Arts et Métiers, salle des Droits de l'Homme.

» Les délégués des clubs seront seuls admis et devront être porteurs de pouvoirs en règle de leurs sociétés respectives.

»A. Blanqui , président de la Société républicaine centrale ;

» Feuillatre, président du club des Travailleurs ;

» Mouton, président de l'Union des Travailleurs;

» P. Seguin, président de la Société politique des ouvriers ;

» Dezami, président du club des Gobelins ;

» Villain, président des Droits de l'Homme ;

» Chipron, président du club Popincourt ;

» Baüdin, président du club de l'Avenir. »

De leur côté, les citoyens Guichenet, Gornet et Longepied firent publier dans le journal la *Commune de Paris*, le 25 mars, l'avis suivant :

« Le comité révolutionnaire, qui a déjà pris l'initiative d'une réunion de délégués des différents clubs, invite de nouveau les délégués de tous les clubs républicains et de toutes les corporations d'ouvriers du département de la Seine à se réunir en comité central, pour les élections à l'Assemblée nationale, dimanche prochain, 26 mars, à sept heures du soir, au Palais-National, ci-devant Palais-Royal.

» On sera reçu par deux citoyens à la grande grille d'entrée sur la place, en face du Château-d'Eau. »

Le même avis fut reproduit le lendemain dans le journal.

Un grand nombre de clubs répondirent à cette invitation. Plus de soixante d'entre eux envoyèrent leurs délégués. Deux cents personnes environ assistèrent à la première réunion, qui fut tenue dans la salle dite du Trône. Contraste singulier ! La démocratie siégeait à la place de l'aristocratie, et le peuple, rentré en possession de sa souveraineté, allait délibérer sur ses intérêts, là, où quelques années avant la royauté s'était occupée des moyen de l'opprimer.

Le citoyen Longepied ouvre la séance par l'allocution suivante :

« Citoyens,

» Lorsqu'en 1789, nos pères renversaient la Bastille, cette dernière forteresse du despotisme et de la tyrannie ; lorsqu'ils abolissaient les priviléges du clergé et de la noblesse ; lorsque plus tard ils détruisaient la monarchie, proclamaient la République, et rendaient au peuple tous les droits qui lui appartiennent, droits imprescriptibles, éternels, ils croyaient la liberté à jamais fondée.

» Il ne devait pas en être ainsi. Il fallait que le peuple passât par les épreuves de l'empire, de deux restaurations, et surtout de la monarchie cadette, de cette monarchie dont tout le savoir a consisté à se faire la vassale des rois de l'Europe, à se traîner dans la honte, la lâcheté, la corruption, à ruiner la France, à détruire une à une les conquêtes de deux révolutions.

» Elle a eu le sort de tous les gouvernements menteurs, parjures, oppresseurs, elle s'est écroulée, en quelques heures, sous la révolution du mépris.

» Le peuple a repris, le 24 février, toute sa puissance, il est rentré dans sa souveraineté. Cette fois, il faut qu'il la conserve. S'il ne veut plus être trompé, il faut qu'il fasse par lui-même ses affaires, qu'il veille à ses intérêts.

» Les importantes questions de réformes sociales, qui sont traitées dans les nombreuses sociétés qui se sont constituées si rapidement, prouvent que le peuple a l'intelligence de ses droits, qu'il a la ferme volonté de remédier à tous les maux que lui ont légués les monarchies de tous genres qui l'ont opprimé.

» Toutes ou presque toutes ces réunions sont animées sans doute des meilleures intentions, toutes veulent le développement des conséquences de la révolution, leur application ; mais elles se ressentent de la rapidité avec laquelle elles ont été formées ; les efforts sont divisés et manquent de cette unité d'action qui fait la force. Cette unité d'action est surtout plus nécessaire, lorsqu'il s'agit de l'élection des représentants à l'Assemblée constituante.

» La question électorale est la plus grave; celle qui mérite toute l'attention, toute la sollicitude des républicains; car, de la composition de l'Assemblée nationale dépend peut-être le sort de notre jeune République.

» Citoyens, ne nous dissimulons pas que nous avons des adversaires à combattre, que ces adversaires, à l'heure qu'il est, concertent entre eux les moyens d'arrêter la marche de la révolution; soyez convaincus qu'ils sauront au besoin prendre toutes les mesures pour tromper la crédulité du peuple. Ce sont ces intrigues qu'il faut déjouer.

» Notre devoir à nous, républicains, pour qui la lumière a lui, est d'éclairer nos frères qui ne connaissent pas encore le bonheur d'être républicains, de les prévenir contre les menées de l'hypocrisie et surtout contre les promesses fallacieuses que les tartufes politiques ne manqueront pas de leur faire pour obtenir leurs suffrages.

» C'est à nous de leur révéler comment il faut guérir les plaies si profondes de la société; de faire disparaître à jamais la misère, cette lèpre qui dévore le peuple. Si le suffrage universel, que le peuple va exercer pour la première fois, amène de bons choix, si l'Assemblée constituante est composée de vrais, de sincères républicains, nous verrons promptement se réaliser tous les bienfaits que la République comporte dans son sein.

» Pour obtenir ces heureux résultats, citoyens, unissons toutes nos forces : que les clubs de Paris et de la banlieue se centralisent ; que chacun apporte en commun le produit de ses lumières, de son expérience ; qu'une grande impulsion unitaire soit donnée à ce grand mouvement des idées.. Assurons le succès des élections.

» Ces considérations ne pouvaient échapper au club de la Révolution, que nous représentons ici, et c'est en son nom que nous avons fait appel aux autres clubs de la capitale, afin d'organiser un comité central qui soit réellement l'expression de toutes les sociétés populaires existantes.

» Citoyens, je vois avec une bien vive satisfaction, par le nombre de personnes présentes à cette première réunion, que notre appel a été entendu, que nous avons été compris.

» Citoyens, ce n'est pas trop présumer que de dire : Notre accord, notre sagesse, notre activité contribueront puissamment à consolider la République, et à réaliser notre devise : Liberté, Égalité, Fraternité.

» Vive la République ! »

Ce cri fut répété avec enthousiasme par l'assemblée.

Pour procéder régulièrement à la constitution du Comité central, Longepied engagea les citoyens à se faire inscrire.

On avait disposé une longue table en travers du côté de la cheminée. Longepied s'était placé au milieu de cette table pour ouvrir la séance. Des citoyens qu'il ne connaissait pas alors, s'étaient assis à sa droite et à sa gauche. Longepied les pria de lui prêter son concours pour l'inscription des délégués.

Chaque citoyen faisait connaître ses nom, prénoms, profession, demeure et le club qui l'avait délégué. Ceux qui étaient porteurs des pouvoirs de leur club, les déposaient ; les autres devaient produire cette pièce sous trois jours.

Cette opération terminée, il fut reconnu que plus de soixante clubs avaient envoyé leurs délégués.

Longepied en donna connaissance à l'assemblée. Il proposa de nommer immédiatement un bureau provisoire, afin de constituer le Comité central.

« C'est inutile, dirent les membres de l'assemblée, de nommer un bureau ; nous connaissons le citoyen Longepied, qu'il soit notre président, que les citoyens bui l'ont secondé forment avec lui le bureau. »

Le citoyen Longepied remercia l'assemblée de la

confiance qu'on lui témoignait, mais il crut devoir sanctionner cette nomination par assis et levé.

L'assemblée se leva tout entière.

Le bureau se trouva ainsi composé :

Longepied, président, club de la Révolution ;
Deleau, comité démocratique, 2e arrondissement ;
Gadon, club des Hommes libres ;
Thiele, club Popincourt ;
Chavant, club de l'Union fraternelle ;
Danse, club des Prévoyants ;
Laroque, club Franklin.

Il fut décidé qu'une circulaire serait adressée aux clubs qui n'avaient pas encore envoyé leurs délégués, pour les inviter à le faire. On arrêta en outre que les séances du Comité central auraient lieu dans la journée, afin que les délégués pussent rendre compte le soir même à leurs clubs respectifs, des travaux du jour, et saisir le Comité des questions que les clubs ugeraient à propos de lui soumettre.

La deuxième réunion fut fixée au lendemain à deux heures de relevée.

Avant de se séparer, l'assemblée, sur la proposition du président, arrêta que ce Comité central serait nommé *Comité révolutionnaire* (Club des clubs).

Dès le 27, le nombre des délégués s'était considérablement accru. Comme exposé de ses principes, le comité adopta la déclaration des droits de l'homme et du citoyen, rédigée par Maximilien Robespierre; mais il ne l'accepta que comme héritage de l'humanité passée, sans entendre borner son présent, son avenir. C'eût été méconnaître le progrès de la science sociale depuis cinquante-cinq ans, et ceux qu'elle est encore destinée à faire.

Le mot *Nature* de l'art. 38 souleva dans le sein de l'assemblée une discussion assez oiseuse. Des consciences alarmées, et à leur tête, M. Gauthier de Claubry, aujourd'hui membre du comité de l'Union électorale, se gendarmèrent contre une expression qui semblait glorifier le matérialisme et repousser le spiritualisme. L'incident fut de courte durée. Le Club des clubs s'étonna qu'on pût prêter à l'homme qui avait organisé la fête à l'Être suprême, la pensée de proclamer la suprématie de la matière. Cette susceptibilité de quelques délégués se révéla lorsque la question de signer une adhésion à l'œuvre de Robespierre fut agitée : toutefois la proposition fut adoptée à la presque unanimité. Les délégués de l'Union républicaine, seuls dissidents, s'empressèrent le lendemain d'apporter l'expression des sympathies de la société dont ils étaient les mandataires.

On vota l'impression de 30,000 exemplaires : les frais en furent faits par les clubs. La déclaration des droits de l'homme et du citoyen fut considérée comme le drapeau sous lequel devaient venir se ranger les républicains.

L'action du Club des clubs devait-elle se restreindre au département de la Seine ou devait-elle s'étendre sur la province? Un délégué du club de Passy, le citoyen Lebreton, développa une proposition tendant à exercer une propagande d'expansion sur tous les points du territoire républicain. Il fit ressortir de quelle importance serait l'envoi de nombreux délégués chargés d'instruire les populations prévenues, sourdement travaillées, sur les conséquences de la Révolution de 1848.

L'assemblée se prononça en faveur de cette proposition. Le temps pressait : l'envoi de près de cinq cents citoyens acceptant un tel mandat, faisait prévoir de lourdes dépenses que les cotisations des clubs, les dons volontaires ne sauraient couvrir dans un délai aussi court que celui qui s'écoulerait jusqu'au jour des élections générales. Une commission composée de Longepied, président le bureau, de Delaire, Danse,

Gadon, Thièle, Lebreton, Barbès, Sobrier, Cahaigne et Laugier, fut chargée de s'occuper des moyens d'aplanir les difficultés de toute nature que présentait la mise à exécution rapide et intelligente de la mesure unanimement adoptée.

Après une longue délibération, les membres de la commission se rendirent chez le ministre de l'intérieur pour l'informer de la décision du Club des clubs. Ils demandèrent si le gouvernement serait disposé à seconder les efforts démocratiques des sociétés populaires, en leur fournissant en partie les ressources nécessaires pour couvrir les frais de voyage, de déplacements, de correspondance, de propagande, qu'entraînerait l'accomplissement du mandat confié aux délégués. Ledru-Rollin déclara qu'il ne pouvait rien prendre sur lui, qu'il en référerait à ses collègues, que le Conseil seul était apte à trancher une pareille question.

La Commission avait prévu cette observation ; elle s'empressa d'annoncer, au nom du Club des clubs, que sa démarche n'avait eu d'autre but que de provoquer une décision de la part du Gouvernement provisoire.

La réponse du conseil fut favorable. Le ministre en donna avis à la Commission, qui en fit part au Comité. Les corporations, les sociétés choisirent les citoyens les plus capables de remplir cette mission. Près de deux mille furent examines; cinq cents environ furent acceptés.

D'après les prévisions de la Commission, le chiffre des dépenses paraissait devoir s'élever à cent et quelques mille francs; pour régulariser la comptabilité, il fut décidé que, chaque soir, il serait remis au ministre un état donnant la liste des délégués partis ou désignés pour partir, avec le relevé des remises faites et à faire, de sorte que l'autorité, qui ne délivrait les sommes que par à-comptes, savait chaque jour quel était le chiffre des fonds employés, des sommes restant en caisse et des remises qui seraient à faire pour répondre aux éventualités. Un récépissé de l'allocation était signé par chaque délégué comme pièce justificative. Les feuilles d'émargements, vérifiées par la commission de comptabilité, les états partiels, les états récapitulatifs, dont un double était remis, comme on l'a dit, au ministre de l'intérieur, étaient déposés dans les cartons de la Commission et laissés à la disposition de tout membre qui voulait exercer son contrôle. Grâce à ce mode si simple, si régulier, les calomnies, les suppositions injurieuses dont plusieurs membres de la Commission ont été l'objet, sont tombées devant les déclarations précises de la Commission d'enquête et de la Commission de comptabilité de l'Assemblée nationale, auxquelles les preuves n'ont certes pas manqué, puisqu'elles ont pu comparer tous les états fournis au ministre de l'intérieur, avec les pièces comptables enlevées, arbitrairement et à l'improviste le 15 mai, dans le local occupé par la Commission.

Les membres du Comité révolutionnaire ont la conscience d'avoir rempli leur mandat avec dévoûment, avec désintéressement. Si des rancunes méprisables, si de basses jalousies prétendaient qu'ils n'ont pas répondu à la confiance des démocrates, il leur resterait à invoquer l'opinion émise par MM. Bauchart et Ducos, qu'on ne soupçonnera certes pas d'un excès d'indulgence et de bon vouloir envers le Comité révolutionnaire. Pour éclairer la religion de nos lecteurs, nous mettrons les pièces officielles sous leurs yeux.

Quelle déclaration Ledru-Rollin fait-il devant la Commission d'enquête quand on lui parle de Longepied? Il loue *sa fidélité, sa probité.*

Lorsqu'après un an de recherches, d'investigations minutieuses, la Commission nommée par l'Assemblée nationale pour examiner les comptes du Gouvernement provisoire, appelle Longepied et Laugier, afin de s'entourer de tous les moyens de contrôle, que conclut-elle? Voici la partie du rapport qui concerne l'allocation des 123,000 fr. (sur lesquels le Gouvernement a dû encaisser une somme assez ronde, par suite des mandats sur la poste que les destinataires n'ont point touchés) (1).

« Parmi les dépenses, il en est une sur laquelle nous devons appeler votre plus sérieuse attention.

» Il s'agit d'une somme de 123,000 fr. dont l'emploi nous a paru répréhensible sous tous les rapports et que nous ne saurions trop sévèrement blâmer, dans l'intérêt des principes et de la sincérité du régime électoral.

» Cette somme de 123,000 fr. a été délivrée par ordre de M. Ledru-Rollin (2), en plusieurs mandats successifs, à M. Longepied, président de la Commission instituée par le Club des clubs à Paris.

» Avant d'entrer dans l'exposé des faits, nous devons rendre compte à l'Assemblée d'une circonstance particulière qui exige quelques explications : A l'époque où la Commission chargée de l'examen du projet de loi portant demande d'un crédit extraordinaire de 500.000 fr. pour dépenses secrètes, procéda à la vérification du compte spécial dont elle était chargée; elle

(1) Voici quelques-uns des numéros des mandats intouchés : 6, 7, 19, 34, 120, 121, 166, 170, 171, 242, 251, 252, 296, etc.

(2) Il fallait dire par ordre du Gouvernement provisoire.

cons'ata, comme nous l'avons fait nous-mêmes, que diverses sommes s'élevant ensemble à 123,000 fr., avaient été versées entre les mains de M. Longepied ; mais il résulta des explications verbales que M. Ledru-Rollin *seul* pouvait donner, que ces sommes avaient été consacrées à l'éloignement de Paris de douze à quatorze mille ouvriers allemands, italiens, polonais.

» Plus tard, lorsque l'Assemblée nationale ordonna une enquête sur les déplorables événements de mai et de juin, la Commission chargée de cette enquête eut besoin de recueillir le témoignage de M. Longepied qui avait été momentanément arrêté le 15 mai (1). »

» Voici la partie de la déposition de ce citoyen relativement à la question qui nous occupe. (Séance du 25 juillet. Vingt-quatre jours après le dépôt du rapport de la Commission des fonds secrets.)

« Je faisais partie de la Commission qui avait envoyé des délégués dans les départements. Des sous-officiers étaient choisis pour agir sur les régiments et désigner

(1) Ce n'est pas pendant sa détention à la suite du 15 mai, mais pendant celle qu'il subissait à la suite des affaires de juin 1848, que Longepied fut amené de la Conciergerie devant la Commission d'enquête. Longepied a subi en ces deux fois soixante jours de captivité, et M. Ducos dit qu'il avait été arrêté momentanément. Il paraît que les heures s'écoulent vite pour M Ducos.

aux soldats les chefs suspects dont l'influence était redoutée par les électeurs (1). Je recevais de la caisse du ministère de l'intérieur des fonds qui servaient à les payer.

» — Quels étaient vos rapports avec le ministre pour ces missions?

» — Le ministre savait que les délégués étaient envoyés pour préparer de bonnes élections. J'ai reçu environ 100,000 francs. Je n'ai jamais servi d'intermédiaire entre le ministre et des étrangers que l'on cherchait à envoyer hors de France.

» Cette déposition était trop manifestement contraire aux explications que M. Ledru-Rollin avait fournies à la Commission des fonds secrets, pour qu'il nous fût possible de ne pas interroger de nouveau M. Longepied et M. Ledru lui-même.

» M. Ledru-Rollin nous a déclaré qu'il avait fait

(1) Longepied n'a pas dit que les sous-officiers étaient choisis *pour agir* sur les régiments, mais pour éclairer les soldats des régiments sur le mauvais vouloir de certains chefs opposés aux élections républicaines. Longepied n'a signé aucun des interrogatoires que lui a fait subir la commission d'enquête. On a pu altérer le sens de ses réponses; c'est ce qui établit la différence entre ses dires réels et les appréciations de M. Bauchart.

confusion dans ses rapports avec la Commission des fonds secrets, qu'il avait réellement donné des sommes considérables pour éloigner de Paris un grand nombre d'ouvriers, et qu'il avait pu penser que M. Longepied avait été chargé par lui de composer les convois et de distribuer les fonds.

» De son côté, M. Longepied appelé par nous (une première fois seul, une seconde fois assisté de M. Laugier, trésorier de la Commission du Club des clubs), a confirmé de point en point sa première déclaration; il est même entré devant nous dans des explications que la nature de notre mandat devait rendre nécessairement plus détaillées et plus explicites. Le club de la Révolution, présidé par M. Barbès, avait conçu la pensée d'envoyer des délégués dans les départements, soit pour y propager les idées nouvelles, soit pour y exercer une certaine influence sur les élections (1).

» Mais il fallait des ressources, et ce club n'en possédait pas de suffisantes. On imagina de constituer un c'ub central qui fut composé d'un certain nombre de membres appartenant aux autres clubs de Paris, les-

(1) Longepied ni aucun autre n'a dit que le club de la Révolution avait eu la pensée d'envoyer des citoyens dans les départements, mais simplement que ce club avait eu l'idée première de centraliser les clubs. M. Ducos fait confusion.

quels s'élevaient alors à quatre-vingts ou cent. Ce club prit le nom de Club des clubs. Une commission fut formée dans son sein. Elle reçut de pleins pouvoirs, et dut s'entendre avec tous les clubs de Paris pour la désignation et le choix des émissaires qui devaient être envoyés dans les départements, avec la double mission que nous avons indiquée.

» La Commission était composée de MM. Napoléon Lebon, Longepied, Deplanque, Lebreton, Danse, Deleau, Adrien Delaire, Gadon, Thiele, Laugier, Huber.

» MM. Barbès, Sobrier et Cahaigne furent adjoints à la Commission; mais n'ont jamais pris part à ses travaux.

» M. Longepied fut élu président et M. Laugier, trésorier.

» Tous les clubs de Paris désignaient des commissaires : le nombre de ces agents s'éleva à 400 ou 450.

» Il fut convenu avec eux qu'ils recevraient des frais de route, et une indemnité quotidienne de 6, 8 et 10 f., suivant les localités dans lesquelles ils devaient se rendre. Ils reçurent pour mission de *républicaniser la France*, de préparer les citoyens à faire de bonnes élections.

» Il ne manquait plus que l'argent pour réaliser ce

plan. M. Longepied s'adressa à M. Ledru-Rollin (1). Le ministre de l'intérieur ne se crut pas autorisé à fournir la somme demandée. Il voulut consulter le Gouvernement provisoire. Le lendemain il consentit à donner les fonds, et les agents électoraux se mirent immédiatement en route.

» Sur ce point délicat, votre Commission ne pouvait s'en rapporter à la simple affirmation de M. Longepied. Elle ne pouvait davantage se contenter des explications de M. Ledru-Rollin. Nous avons fait appeler tous les membres du Gouvernement provisoire et leur avons demandé quelle part ils avaient pu prendre dans l'affaire dont nous entretenons en ce moment l'Assemblée. Il résulte de leur conférence avec nous, qu'ils n'ont eu aucune connaissance des relations de M. Ledru-Rollin avec M. Longepied, mais *qu'ils ont effectivement autorisé le ministre de l'intérieur à affecter une somme d'une certaine importance à l'envoi dans chaque département de cinq ou six délégués choisis avec soin, pour propager, nous ont-ils dit, l'idée républicaine et faciliter l'application du suffrage universel.* D'après les explications présentées par M. Ledru-Rollin, en présence des membres du Gouvernement provisoire et, sur ce point, conformes aux déclarations de MM. Longepied

______

(1) Ce n'est pas Longepied, mais la Commission tout entière.

et Laugier, le ministre de l'intérieur n'a pas choisi lui-même les agents qui ont été envoyés dans les départements; il a cru devoir s'en rapporter entièrement aux désignations qui lui ont été faites par les membres de la Commission du Club des clubs, lesquels offraient à ses yeux toutes les garanties désirables, parce que plusieurs lui avaient été spécialement recommandés, et que l'un d'entre eux avait des liens de parenté avec un de ses collègues du Gouvernement provisoire.

» *Chaque soir* on portait au ministre la liste des agents expédiés et la note des sommes qui leur avaient été délivrées. Après examen de ces pièces, des mandats nouveaux étaient fournis sur la Caisse des fonds secrets jusqu'à concurrence des besoins du lendemain. A deux reprises différentes, on a remis au ministre le relevé général de toutes les notes partielles.

» M. Laugier, trésorier de la Commission, distribuait les fonds et régularisait tous les jours sa comptabilité en soumettant à ses collègues les récépissés qu'il avait soin de retirer de chaque agent.

» La Commission tenait originairement ses séances dans la maison rue de Rivoli, n° 16, occupée par M. Sobrier. Les rapports envoyés des départements par les émissaires du Club des clubs devaient être journaliers; ils étaient adressés au siège de la Commission.

» Plus tard la Commission se transporta dans un nouveau local, rue de Rivoli, n° 6, indépendant de la maison de M. Sobrier, située au numéro 16. Les livres, les pièces de comptabilité, les correspondances, les rapports des agents furent transférés dans ce nouveau local.

» Le 15 mai M. Longepied fut arrêté. La garde nationale s'empara des deux maisons de la rue Rivoli, n° 16 et n° 6, et détruisit une grande partie des objets qui s'y trouvaient renfermés. Beaucoup de papiers furent saisis, dispersés ou déchirés.

» Il en est résulté que les comptes de la Commission du Club des clubs n'ont pu être représentés, que nous n'avons obtenu d'autres justifications de la dépense que les récépissés délivrés par M. Longepied, au fur et à mesure qu'il recevait des fonds du ministre de l'intérieur (1).

» Tel est, citoyens représentans, l'historique de

(1) Au 15 mai, lorsque le domicile de la commission fut envahi, tous les doubles des états fournis au ministre de l'intérieur étaient dans les cartons ; nous savons que plusieurs de ces états sont déposés aux archives de l'Assemblée nationale avec les papiers enlevés dans les bureaux de la Commission. Pour être vrai, M. Ducos aurait dû dire que quelques-uns de ces états, et non la totalité, manquaient.

l'emploi qui a été donné aux 123,000 fr. dont nous nous occupons. »

La France connaît les agents qui lui ont été envoyés par la commission du Club des clubs. Ces agents, exclusivement choisis dans les clubs, appartenaient, d'après l'aveu même de MM. Longepied et Laügier, aux opinions les plus *extrêmes* (l'expression est de M. Ducos, nous avons dit aux opinions les plus *avancées*). On choisissait les plus violents (nous avons dit les plus républicains), parce qu'on comptait d'avance sur leur dévouement, et parce qu'on tenait à les éloigner de Paris, où ils devenaient dangereux. (Puisque nous comptions sur leur dévouement, nous ne les trouvions pas dangereux.)

Ce rapport, qui embrasse l'examen de tous les comptes du Gouvernement provisoire, se termine ainsi :

« Quant à nous, d'accord avec M. Creton, auteur de la proposition portant demande de reddition de comptes, nous déclarons à l'unanimité que, dans les longues et laborieuses recherches auxquelles nous nous sommes livrés avec la plus rigoureuse impartialité, nous n'avons découvert ou rencontré aucun témoignage, aucune preuve qui accusât d'infidélité les membres du

Gouvernement provisoire, et qui nous mît sur la trace de *quelque détournement frauduleux* des deniers confiés à leur gestion. »

Cette déclaration explicite, qui rend un juste hommage à l'honnêteté de notre parti, est aussi la preuve la plus éclatante de la fausseté des accusations dirigées contre la probité des membres de la Commission. Qu'on nous pardonne d'avoir insisté sur ce point. La calomnie avait fini par trouver quelque crédit près d'esprits prévenus, disposés à croire le mal plutôt que le bien. Nous devions réduire à néant de pareilles insinuations.

La Commission travaillait presque jour et nuit. Absorbé par ces travaux, Longepied résilia ses fonctions de président du bureau du Club des clubs. Le 2 avril, on procéda à l'élection du bureau définitif. Le scrutin dépouillé donna le résultat suivant : Huber, président; Deplanque, vice-président; Gadon, Delaire, Napoléon Lebon, Longepied, Sobrier, Cahaigne, Laugier, membres du bureau. Par suite de cette élection, Huber, Deplanque et Napoléon Lebon firent partie de la Commission.

Póur mettre de l'unité et de la régularité dans l'exécution du mandat confié aux délégués, pour que ceux-ci fussent bien pénétrés des idées de la commission, les citoyens qui la composaient reconnurent qu'il ne suffisait pas de donner des instructions verbales aux délégués, qu'il fallait les leur remettre imprimées, afin qu'ils pussent s'en bien pénétrer et ne pas s'écarter de la voie qui leur était tracée.

Laugier fut chargé de préparer un projet. Le soir même il soumettait sa rédaction, qui fut adoptée dans son ensemble après quelques légères modifications. Voici cette pièce :

Instructions du délégué du comité révolutionnaire Club des clubs et des corporations ouvrières.

PRÉLIMINAIRES.

« Le délégué, dans toutes les démarches qu'il fera dans les villes, cantons, communes, villages, pour assurer la sincérité des élections, doit bien se pénétrer de cette idée, que son caractère de missionnaire officieux du républicanisme ne doit pas être connu ; il est censé voyager pour ses propres affaires, ou pour visiter ses amis, ses parents, ou même pour son plaisir, et non dans un but politique avoué, ostensible. Toutefois, il se mettra immédiatement en relation avec les autorités locales, s'il y a lieu, pour leur offrir son concours, après avoir provoqué les renseignements les plus précis et de toute nature sur l'esprit des populations, sur leurs tendances; il stimulera les tièdes, il soutiendra et secondera les ardents, il surveillera les réactionnaires patents ou occultes.

» Une pièce émanée du comité révolutionnaire l'accréditera en qualité de délégué des clubs et des corporations d'ouvriers. Il aura sa carte.

» Que le délégué se garde, dans une propension trop commune, de céder à un semblant d'autorité qu'il aurait à exercer n'importe en quelque occasion que ce soit; car l'assentiment donné par le gouvernement à la mission qui lui est confiée, ne lui défère aucune fonction; il est plus, il ne relève que du républicanisme; l'apôtre ne commande pas, il prêche, il persuade.

» Après avoir médité ces notions préliminaires, après s'être bien édifié sur la ligne de conduite qu'il a à tenir, le délégué missionnaire des clubs et des corporations, par conséquent étranger à toutes fonctions des branches administratives, portera son attention sur les conseils formulés sous la rubrique : *Exécution du mandat républicain : Pratique.*

EXÉCUTION DU MANDAT RÉPUBLICAIN.

PRATIQUE.

» Encore une fois, le délégué n'est ni agent avoué, ni secret du gouvernement ; il est revêtu du caractère d'envoyé des clubs et des corporations, caractère officieux ; il n'est pas salarié ; il conservera le cachet de la spontanéité patriotique.

» Dans les villes, le délégué s'attachera à connaître quelles sont les personnes influentes ; il s'abouchera avec elles, si elles ont des opinions républicaines, afin de travailler à l'œuvre commune ; si, au contraire, ces influences sont hostiles, il les minera par une tactique habile, en exploitant leurs actes, en commentant leur biographie politique, en dévoilant leurs tendances rétrogrades, pour donner un exemple : si l'adversaire politique est noble, légitimiste, monarchien, le délégué insistera sur les malheurs dont ces légitimistes, ces monarchiens ont doté la France ; il se sont enrichis aux dépens des travailleurs, cela constamment, pressurant la population, aspirant à conserver les priviléges, les gros impôts. Si l'adversaire est un financier, un homme à écus, le délégué le peindra comme un homme ayant toujours enlevé à l'agriculteur, au paysan, à l'ouvrier la part la plus large des

4.

bénéfices de leur labeur.; escomptant la sueur, la fati-
gue du peuple qu'il opprimait sous le régime d'é-
goïsme renversé avec habileté ; sans entraînement
outré, le délégué développera les conséquences de
cette République qui, dès son début, accepte si géné-
reusement la succession si lourde des royautés, qui
l'accepte purement, simplement et non sous bénéfice
d'inventaire. Dans les cantons, dans les communes,
dans les villages, le délégué rencontrera plusieurs
puissances : le curé, le maître d'école, le juge de paix,
le percepteur, le notaire ; suivant les professions, le
langage doit varier, toujours au point de vue républicain.

» Ainsi, au curé, le délégué montrera, comme le
plus grand républicain du monde, comme le promo-
teur du républicanisme, Jésus-Christ jetant au monde
ces paroles divines, lorsque la tyrannie, le despotisme
étaient partout enracinés : « Marchez, marchez toujours
dans les voies de la liberté, de l'égalité, de la fraternité,
voies qui mènent à la terre promise. » Prêtre de Jésus-Christ, son devoir est de prêcher la doctrine
chrétienne, qui est celle de la liberté, de l'égalité et de
la fraternité.

» Au maître d'école il parlera de la liberté d'enseignement ; il fera valoir tous les avantages que la
République assure aux instituteurs. La coterie uni-

v rsitaire qui préparait des entraves aux maîtres d'é-
cole, aux instituteurs , est renversée à tout jamais.
C'est la République qui a écrasé *l'infâme*.

» Au juge de paix, il dira que conciliateur placé par
le législateur sur le degré du palais, ami, conseil du
pauvre, il a toujours souffert sous la monarchie, que
la République lui a assuré un dédommagement, qu'il
doit travailler à consolider l'ère républicaine.

» Le percepteur qui accorde des délais aux contri-
buables gênés, qui lui évite des poursuites, exerce
une certaine influence. Il est fonctionnaire, il est vrai,
et à ce titre il doit être sympathique; s'il ne l'est pas,
il faut le surveiller et le signaler au comité révolutionnaire.

» Pour le notaire, il tremble pour sa charge, il se voit
ruiné; il craint que les actes sous seings privés ne
remplacent les actes notariés; le rassurer, paralyser
son hostilité et surtout la prévenir.

» Ce n'est pas tout; avec les propriétaires, il faut
amoindrir le mauvais effet produit par la mesure qui
a augmenté l'impôt de 45 centimes, et dire que le
gouvernement éclairé songe à revenir sur cette mesure, et faire peser l'impôt sur les créances hypothé-
caires, sur le luxe; que l'impôt sera progressif; insis-
ter avec tous sur ces points importants.

» Pour résumer ces données sur l'exécution pratique du mandat, disons que le délégué doit parcourir avec tact, avec tenue, avec circonspection, avec la portée républicaine, les degrés de l'échelle sociale, depuis le premier jusqu'au dernier. Suivant les habitudes, les mœurs, il faut qu'il modifie son langage, sa conduite, afin d'arriver au but proposé, le choix des candidats républicains.

» Le délégué ne doit pas perdre un moment; les heures, les minutes sont comptées : créer des clubs, les organiser, associer les électeurs, unir les républicains; révéler à chaque électeur le droit qu'il a à exercer, le soustraire à la dépendance qu'il a acceptée jusqu'à ce jour avec une faiblesse déplorable, lui inculquer ses pensées républicaines, faire pénétrer le républicanisme par tous les pores. Voilà l'emploi de chaque journée; aussi le délégué doit-il distribuer son temps avec ordre, avec méthode. Le délégué doit ménager son pécule pour ne pas s'exposer à manquer des moyens de transport, d'action, mis à sa disposition.

» Si la Commission du Comité révolutionnaire croit utile de centraliser la direction de la mission départementale entre les mains d'un délégué, chargé d'harmoniser les efforts communs des bons républicains, les autres délégués lui porteront leur concours fraternel; ils se mettront à la disposition du délégué central. Ici, toute question de primauté, soulevée au moment de la lutte électorale, serait le fait d'un mauvais citoyen. Un républicain ne peut avoir cette petitesse d'esprit.

DEVOIRS DU DÉLÉGUÉ.

» Le délégué adressera chaque jour, à la Commission du Comité révolutionnaire, un rapport détaillé sur l'état de l'opinion de la localité qu'il aura visitée, sur les démarches qu'il aura faites, et signalera les obstacles qu'il aura recontrés, les résultats qu'il aura obtenus, ainsi que ceux qu'il attend de sa mission ; il doit être précis ; pas de phrases, beaucoup de faits.

» Pour la régularité du service, les lettres adressées au président de la Commission du Comité révolutionnaire seront mises, cachetées, dans une enveloppe portant le nom du citoyen Longepied, rue de Rivoli, n° 16. »

La mission était délicate, et s'il est arrivé à quelques citoyens de ne pouvoir se plier à toutes ses exigences, si dans leur correspondance ils ont parfois prêté à d'acerbes critiques, il faut reconnaître que le plus grand nombre a satisfait au mandat qui lui était confié. Les délégués ont eu à lutter contre des proventions de toute nature ; la réaction a multiplié les difficultés qu'ils devaient rencontrer ; les autorités locales ont peu fait pour les aplanir. C'est au péril de leur vie même que plusieurs ont accompli la tâche qu'ils s'étaient imposée.

Les ministres de l'Évangile les ont-ils accueillis avec sympathie ? On pouvait espérer que l'homme de Dieu ne sacrifierait pas ses convictions religieuses et les principes du christianisme aux passions politiques. Cependant nous citerons à ce sujet une singulière aventure, dont une petite ville du Midi fut le théâtre. Le supérieur d'une école des frères avait jugé convenable de convertir les salles d'études en ateliers de confection de bulletins électoraux ; tous les élèves avaient été mis en réquisition. Au profit de quelles candidatures ? Inutile de dire que les candidats portés étaient de la couleur blanche la plus pure.

Le délégué du Comité, instruit par les démocrates de la localité de cette manœuvre fort préjudiciable à l'instruction des enfants, se rendit près du supérieur, et le somma de lui remettre les liasses d'autographes électoraux. Le supérieur commença par nier : il prétendit qu'il n'avait pas oublié ses devoirs au point d'initier les écoliers à nos luttes politiques ; que son caractère lui prescrivait de s'abstenir ; mais le délégué persista. Alors l'homme de Dieu convint de sa faute ; mais il ajouta : « Ce n'est pas moi qui ai eu cette infernale pensée, c'est le curé.

— Le curé ou vous, peu importe, reprit le délégué ; vous avez, l'un ou l'autre, agi contre la République ; vous vous êtes exposés. Apportez-moi, ce soir, les ballots de bulletins ; nous les détruirons. Je n'écrirai ni au commissaire du gouvernement, ni au Comité révolutionnaire, dit-il en souriant.

— Le Comité révolutionnaire ! répliqua le supérieur. Je vous prie de ne pas lui écrire ; ce soir vous aurez tous les bulletins. »

Le soir, le supérieur tint sa promesse ; il apporta les bulletins ; on en fit un autodafé, et le frère partagea avec les démocrates le modeste souper auquel il avait été convié. Pourquoi dire que, de retour à son couvent, le supérieur fit un éloge pompeux de ses amphitryons, dont les sentiments de fraternité l'avaient profondément touché !

Ce qui se passait dans le midi, a pu se reproduire dans d'autres départements.

Par son organisation radicalement républicaine, le

Club des clubs, dès son origine, fut à la hauteur de son importante mission ; ses travaux de chaque jour révélaient son influence.

Des sociétés, en lui demandant son concours, lui envoyèrent des adresses.

Parmi les nombreuses pièces de ce genre, nous nous contenterons de citer les deux suivantes :

CLUB CENTRAL DE LA GARDE NATIONALE MOBILE. (1)

École Militaire.

« Citoyens du Club central de la République,

» Nous venons vous demander votre concours, votre assistance, dans l'œuvre que nous avons entre-

---

(1) Les gardes nationaux mobiles, dénués des vêtements les plus nécessaires, murmuraient contre les lenteurs apportées dans leur équipement. La Commission en fut instruite ; pour prévenir un acte d'insubordination, elle délégua deux de ses membres près le général Duvivier pour appeler son attention sur ces plaintes qui bourdonnaient tout bas. Le général reçut les représentants du Comité avec bonté, et non content de faire droit à leur réclamation, il les loua de prendre ainsi en main la défense des intérêts de braves dont trop souvent on étouffait la voix par des actes arbitraires. Pourquoi faut-il que dans nos discordes civiles un homme

prise d'organiser sur des bases solides des clubs dans toutes les casernes de la garde nationale mobile. Déjà à l'École militaire un club est ouvert et organisé ; toutes les mesures sont prises et toutes les démarches faites pour qu'il en soit ainsi dans chaque caserne. Notre profession de foi est écrite en lettres de sang sur les barricades ; un semblable point de départ vous indique suffisamment le but que nous voulons atteindre, à savoir : le triomphe des institutions républicaines dans leur plus large application.

» Vive la république ! »

ADRESSE DES MEMBRES DE LA SOCIÉTÉ SUISSE DE GRUTLI, CLUB HELVÉTIQUE DE PARIS,

Aux citoyens français, membres du Comité révolutionnaires, Club des clubs.

« Citoyens,

» La France est désormais le rendez-vous de toutes les Républiques. L'un des membres de votre Gouvernement provisoire nous l'a dit.

» Les fils aînés de la liberté moderne, les Suisses, si distingué, si juste, si judicieux appréciateur des abus que d'autres ont perpétués, soit tombé victime de son patriotisme !

5

ont compris cette parole, et nous venons à votre rendez-vous.

» Depuis cinq siècles, les pâtres des montagnes libres appellent de tous leurs vœux l'heure de l'émancipation universelle, car ils ont senti toujours que l'idée de République est inséparable de celle de l'humanité; mais l'action républicaine ne pouvait leur appartenir.

» Petit peuple, en foi au milieu de l'Europe absolutiste, il gardait dignement dans l'écrin de ses monts la liberté, joyau du monde. Il ne pouvait point, lui tout seul, faire briller sur la terre l'éclat de son trésor; les rois l'auraient brisé pour se le partager. Ils l'ont tenté même autrefois, citoyens. Nous les avons punis, et nous l'avons gardé.

» Mais nous ne pouvions pas alors donner aux peuples, nos frères, malgré eux-mêmes, leur part de ce trésor. Après l'avoir mis par nos armes à l'abri de la convoitise des rois, nous l'avons posé resplendissant au sommet de nos Alpes, sous le regard de Dieu et devant l'œil des peuples. Longtemps les peuples furent éblouis de sa splendeur trop grande; mais nous avions confiance, nous. Nous attendions que le peuple choisi, la nation forte, vînt chercher notre fortune suprême pour la partager entre toutes; et la France est venue, citoyens ! A vous notre dépôt sacré. C'est à vous qu'appartient l'action ; à vous la propagande.

» Les rois, pauvres majestés, tremblaient que celle de notre République les éclipsât bientôt. N'ayant pu vaincre par la force, ils cherchèrent à diviser, et pour que nos divisions s'alimentassent de notre propre sang, ils déclarèrent notre neutralité. La ruse devait-elle donc triompher contre nous et perdre ainsi l'humanité ? Est-ce que l'humanité se perd, citoyens ? La neutralité de la Suisse ?... Mais la Suisse n'était pas neutre par l'idée ; l'idée, c'était son existence même, et c'est l'idée seulement qui sauve le monde !

» Oui, citoyens, nous sommes fiers de le dire : la Suisse fut la chapelle sainte de la liberté si la France en est le saint temple. Tant que le temple fut fermé, nous avons fidèlement gardé la divinité au tabernacle ; depuis cinq siècles elle est parmi nous et ne s'y est pas ennuyée, car elle n'a jamais quitté nos torrents et nos monts, la liberté aime les grandes Alpes, d'où elle plane sur le monde !

» Nous avons toujours été, nous, Suisses, les ministres de son autel ; vous êtes, vous, Français, les docteurs de sa loi ; et nous sommes ensemble les travailleurs de son culte, les soldats de sa phalange, les précurseurs de la république universelle.

» Les temps sont venus où la raison peut nous guider, où la vertu doit régner seule. En voyant l'homme
incessamment marcher au progrès, qui donc serait
assez aveugle pour ne point voir le but où le conduit
sa marche?

» Avançant toujours plus sur la route, ne comp-
tons-nous pas à mesure les étapes plus nombreuses?
Qui donc serait assez insensé pour nier le terme quand
la route sera faite?... Citoyens frères, Dieu a marqué
le but; l'humanité y tend et doit l'atteindre enfin!
Pour cela, la France s'est faite la boussole des peuples,
le phare du monde, et le regard de Dieu même est le
foyer de ce phare! Gardiens vigilants, et plus nombreux cette fois, vous ne laisserez plus la lumière
s'obscurcir, vous conduirez l'humanité à la réalisation
de ses vraies destinées, et nous arriverons au port où
nous pousse l'idée-mère.

» Nous voulons vous aider, frères; car si la liberté
encore devait fuir votre beau ciel de France, nous reprendrions le dépôt sacré de ses principes divins : elle
retrouverait chez nous son abri séculaire; mais elle
serait perdue pour le monde pendant longtemps
peut-être. Cela ne se peut pas; non pas. Le concert
européen va être une vérité bientôt, et l'on n'appel-
lera plus de ce nom le crime affreux de l'entente hy-
pocrite et monstrueuse des rois contre les hommes.

Déjà les rois tombent partout, le vieux monde n'existe plus; déjà notre antique devise helvétique : Un pour tous, tous pour un ! est proclamée la fortune de la solidarité universelle.

» Nous voyons, dans la jubilation de notre âme, que le peuple enfin se fait grand et est fort pour lui-même; qu'il incarne et symbolise en lui l'idée suprême de la divinité.

» Les temps sont bien venus! oui, oui ! La terre est libre; l'homme est grand. Peuples, nos frères, nous vous tendons la main ! Soyons ami ! *Gloria in excelsis Deo !*

» L'Europe sera demain sans rois; car nous avons dit tous : la République prévaudra contre eux ! Meure notre monde plutôt que le principe de Dieu.

» *Les membres de la Société suisse du Grütli,*

» Jean RENAUD, MULLER, TRUL, PERNOUX, CADLONI, FASSNACHT, OLLHAFEN, AMMANN, JUNG, DUBOCHET, CHEDEL, MAGNAT, IMBERT-DROZ, FAVRE, MATHEY, REUMOND, MORARD. »

Dans leur correspondance, des délégués avaient signalé le concert des menées des ennemis de la République à l'attention des membres de la commission, le président saisit de cette question l'assemblée du Club des Clubs, qui crut devoir provoquer le concours des clubs des départements pour combattre unanimement les efforts de la réaction. L'invitation suivante fut publiquement adressée à toutes les sociétés et corporations de la province.

« Le comité révolutionnaire, composé des délégués de tous les clubs, des corporations ouvrières, de la garde nationale et de l'armée, siégeant en permanence au Palais-National (ci-devant Palais-Royal), à Paris ;

» Considérant la nécessité d'agir de concert et d'urgence en vue du salut public,

» Invite les clubs de province à se mettre immédiatement en relation avec lui pour assurer le triomphe du principe démocratique formulé dans la devise inscrite sur nos drapeaux :

« Liberté, Égalité, Fraternité.

» Les membres du bureau :

» HUBERT, président ; Louis DEPLANQUE, vice-président ; GADON, décoré de juillet ; Adrien DELAIRE, LONGEPIED, SOBRIER, CAHAIGNE, LAUGIER. »

On avait représenté la population ouvrière de Paris et tous les clubs comme disposés à mettre en suspicion l'armée entière, l'armée, cette fille du Peuple. La barrière qui séparait les enfants de la France avait été brisée le 24 février; car le jour de cette résurrection politique, chacun avait recouvré ses droits de citoyen. La commission du Comité révolutionnaire le pensait, et elle eût manqué à son mandat si elle eût oublié les intérêts des officiers, sous-officiers et soldats. Sa sollicitude s'était portée vers ces corps dont les droits avaient été si longtemps méconnus. Elle avait appris qu'au sein de plusieurs régiments, notamment dans le 7e d'artillerie, s'était formé un comité composé d'un président, d'un vice-président, de huit membres, chargés de recevoir les réclamations et de statuer sur les réformes à opérer et sur les améliorations à apporter au bien-être des sous-officiers et soldats. Des délégués avaient été envoyés pour se mettre en rapport avec les régiments, sans porter atteinte à la discipline. Parmi les adresses qui furent envoyées au club des clubs, nous pouvons rapporter celles du 7e d'artillerie, du 55e régiment et de la compagnie d'ouvriers.

« Citoyens nos frères,

» On vient de nous dire que vous vous occupiez du sort de l'armée, que vous vous proposiez d'en faire

une armée essentiellement jeune et républicaine.
Merci, frères, pour elle, à qui vous ouvrez l'avenir;
vous avez été au-dessus de notre pensée la plus chère,
de notre désir le plus ardent. Vous avez compris qu'il
y a dans l'armée, dans les institutions qui la dirigent
des abus consacrés par une trop longue habitude et
qui doivent être étouffés par la main du Peuple sou-
verain. Nous venons vous les signaler.

» Le premier, le plus grave et sans contredit le plus
nuisible au triomphe des idées libérales, c'est le
maintien dans le commandement des divisions dé-
partementales et régimentaires des députés *pritchar-
distes*, de ces hommes qui ont prêté un concours
aveugle au gouvernement déchu, qui l'ont aidé par
leur vote et leur influence, qui l'aideraient encore
s'il était au pouvoir, et qui cependant crient *Vive la
République!* Chassez-les sans pitié : vous ne devez pas
en avoir pour les ennemis de notre France bien-
aimée.

» Chassez ces hommes investis d'une certaine autorité dans l'administration de la guerre et dans leurs
régiments dont le patriotisme est douteux, dont l'in-
capacité est reconnue. Pas de grâce pour ces partisans
d'un système vicieux, inerte, ennemi des idées nouvelles.

» Faites en sorte que l'école de Saint-Cyr, pépinière

de bons officiers, devienne accessible aux soldats intelligents et studieux. Exigez que chaque élève fasse son service dans un régiment pendant deux ans avant de pouvoir concourir, et créez dans chaque corps une école spécialement destinée à l'instruction des élèves officiers. Il faut une discipline ferme, mais paternelle : nous demandons que les cassations et les punitions soient prononcées par un conseil de famille fonctionnant journellement.

» Voilà, frères, ce que nous devons demander. Est-ce trop ? Devons-nous espérer que cette révolution, faite par le Peuple, servira à l'armée, qui est peuple aussi, elle.

Amis de l'ordre, nous attendons, et sans murmurer, votre décision. Les événements sont graves ; certains esprits craindront peut-être qu'en touchant à l'institution qui régit l'armée, on lui ôte de sa force et de son unité. Qu'ils se rassurent ; mieux vaut mille fois compter sur le patriotisme du soldat-citoyen que sur l'énergie du chef impopulaire et incapable.

» Nous finissons, frères, en vous assurant que notre concours vous est acquis, disposez de nous. Rappelez-vous que le sang qui circule dans nos veines et qui fait battre nos cœurs, que ce sang est à vous ; à

5.

notre pays, à cette France qui, la première entre toutes les nations, a crié *Vive la République!* »

On jugera de la nature des réclamations provoquées par les illégalités de certains chefs opposés aux principes républicains, par la lettre suivante des sous-officiers du 12e régiment d'artillerie :

« Bourges, le 10 avril 1848.

» Citoyens,

» Un des délégués de votre club est passé parmi nous ; ses paroles y ont trouvé un écho retentissant, que les faits qui ont précédé avaient du reste préparé. Nous soutenons depuis huit jours une lutte dans laquelle notre avenir est compromis ; une illégalité révoltante avait été commise, et nous avons protesté, mais d'une manière énergique et calme, sans aucune manifestation hostile, sans aucun acte qui ait brisé les liens de la discipline; le bon droit était pour nous: « Plus d'arbitraire, avions-nous dit : que justice soit rendue à qui de droit. » Justice nous a été faite ; mais aucune garantie ne nous est donnée.

» Citoyen, il est à regretter que votre collègue qui nous a apporté des paroles d'encouragement, qui a offert un appui que nous cherchions vainement; que celui-là, disons-nous, n'ait pu nous consacrer plus d'instants. Loin de nous une idée de doute ; à vous notre confiance, et cependant, en travaillant dans l'intérêt général, en vous aidant à propager des idées généreuses et justes, nous voulons nous expliquer franchement selon la droiture du cœur.

» Ce que votre représentant n'a pu nous développer faute de temps, nous vous le demandons : nous avons prouvé notre désintéressement, mais nous voulons marcher avec vous dans la voie du progrès et de la réforme ; nous désirons aussi que vous nous la fassiez connaître et que vous nous enseigniez les moyens, si vous avez foi en nous. En vous nous mettons toute notre confiance, heureux de nous vouer sans restriction à la cause la plus sainte et la plus juste.

» Nous attendons avec l'impatience que vous comprendrez une réponse qui n'est, non pas une garantie, mais qui nous permette de détailler les faits antérieurs.

» Salut et fraternité. »

De tous côtés arrivaient au Comité révolutionnaire des demandes relatives à la délégation des corps de l'armée au club des clubs sur le même pied que celle des clubs, des corporations, de la garde mobile et de la garde nationale. Voici l'adresse de l'armée des Alpes :

Le club de l'armée des Alpes à ses frères membres du Comité révolutionnaire, délégués des clubs, des corporations d'ouvriers, de la garde nationale.

« Au nom de la fraternité et du dévouement que vous nous offrez par vos circulaires et que nous acceptons de cœur, nous nous adressons à vous.

» Notre concours, vous l'avez et vous l'aurez. Frères, nous comptons sur le vôtre, nous en avons besoin ; sans vous, nous ne pouvons rien.

» Nos délégués ? Illusion ! Ils seront rares, peut-être n'en aurez-vous pas.

» Nous, travailleurs de l'armée, nous sommes isolés ; le Peuple, que vous représentez, et dont nous sommes les enfants, est notre force : seul il comprend nos idées. Soyez notre organe auprès de lui, soyez le canal qui doit faire parvenir au Peuple et nos besoins et nos droits.

» Vous avez souffert, nous souffrons encore l'ère

de la liberté qui vient de s'ouvrir nous laissé dans l'oubli; c'est à vous, frères, à la faire briller pour tous.

» Nous faisons partie de l'armée des Alpes. Notre club, comme vous le savez, a déjà été formé à Lyon; quoique interrompu, mais non brisé, nous avons senti, nous sentons l'urgence d'en former un autre à Grenoble. Il est formé, et comptant d'avance sur votre dévouement, il vous prie de lui indiquer immédiatement la manière de pouvoir correspondre et de s'affilier avec vous.

» Le cas est urgent, l'armée compte sur vous...elle a bien des choses à vous faire connaître.

» Vous l'avez dit : comptez sur elle à la frontière comme elle compte sur vous à l'intérieur.

» Salut, union, fraternité.

> » *Les membres du club de l'armée des Alpes, à Grenoble.* »

(Suivent les signatures.)

La Commission s'empressa de répondre à ces ouvertures par l'adresse suivante :

Le Comité révolutionnaire, composé des délégués des clubs, des corporations d'ouvriers, de la garde nationale, à ses frères officiers, sous-officiers et soldats de l'armée :

« Frères de l'armée !

» La voix du peuple c'est la voix de Dieu : ses accents ont retenti dans vos rangs ; sûrs de nos sympathies fraternelles, vous nous demandez à venir siéger au foyer du républicanisme, au sein du Comité révolutionnaire, émanation vivante, active, de la souveraineté du peuple.

» Envoyez-nous vos délégués, nous les attendons !

» Les ennemis de la République, dans leur aveuglement, osaient se flatter de nous désunir ; la révolution du mépris a fait justice de leurs projets insensés, de leurs manœuvres clandestines.

» Ils devaient échouer devant la loyauté, la franchise de nos frères de l'armée.

» L'armée sort du peuple ; enfants de la même famille, formons la phalange de la liberté, de l'égalité et de la fraternité, phalange invincible qui doit assurer le triomphe de notre sainte cause, la cause républicaine !

» Soyez convaincus que si l'arbitraire, le favoritisme tentaient de fausser vos droits imprescriptibles, garantis par la République, nous ferions entendre la voix souveraine, la voix du peuple, et vos droits seraient sauvegardés : plus de privilége, plus de passe-droits.

» Frères, comptez sur nous en toutes circonstances; comptez sur nous comme nous comptons sur vous si les ennemis de l'extérieur songeaient à nous attaquer, si les ennemis de l'intérieur rêvaient un passé qui n'est plus, qui ne sera plus, qui ne peut plus être.

» Salut, fraternité, dévouement...

» Au nom du Comité révolutionnaire :

» Hubert, *président*; Deplanque, *vice-président*; Delaire (Adrien), Thièle, Longepied, Laugier, Gadon, Deleau, Lebreton, N. Lebon, Danse, Sobrier, Cahaigne. »

Les élections de la garde nationale approchaient. C'était la première épreuve en petit que le peuple allait faire du suffrage universel. Le bureau fut déclaré en permanence pour aviser d'urgence, faire face à toutes les éventualités de difficultés. Tous les pouvoirs lui furent conférés. Il stimula le zèle des électeurs qui paraissaient attacher une importance fort secondaire à ces élections.

ÉLECTIONS DE LA GARDE NATIONALE.

AUX GARDES NATIONAUX.

« Le Comité révolutionnaire, Club des clubs, des corporations d'ouvriers, de la garde nationale mobile, prie ses frères, électeurs républicains, de se rendre exactement dans le sein de leurs compagnies respectives pour prendre part aux votes, à l'élection des chefs.

» Si, par hasard, des difficultés leur étaient faites dans l'exercice de leurs droits d'électeurs, ils protesteront; cette protestation entachera l'élection faite soit par surprise, soit par corruption, ou par manœuvres frauduleuses. Elle sera évidemment annulée par le gouvernement.

» En rappelant aux électeurs républicains le devoir qu'ils ont à remplir, le Comité révolutionnaire déclare qu'il considérerait comme là fait d'un mauvais citoyen une pareille négligence et qui mériterait d'être flétrie.

» Le Comité révolutionnaire compte sur l'empressement de ses frères à se conformer au vœu qu'il émet dans l'intérêt de la liberté et de la sincérité des élections

Les membres du bureau :

» Hubert, *président* ; Louis Deplanque, *vice-président* ; Gadon, décoré de juillet, Adrien Delaire, Napoléon Lebon, Longe-pied, Sobrier, Cahaigne, Laugier. »

Le 7, deux délégués des patriotes de Vendôme, admis dans le Club des clubs, vinrent solliciter l'appui du Comité pour résister aux tendances coupables manifestées dans la ville. Ils déclarèrent que le parti rétrograde était seul organisé ; que l'ancien sous-préfet, à la tête de la classe bourgeoise (1), organisait un mou-

(1) Chaque jour on voit disparaître cette distinction de *bourgeois* et de *prolétaires* ; les élections du 1C mars et du 28 avril en sont une preuve frappante. Les idées d'égalité et de fraternité grandissent de plus en plus, grâce à la République ; le moment n'est pas éloigné où tous les citoyens n'auront qu'un même cœur, une seule pensée, celle du bonheur de la France, de l'humanité.

vement; qu'une minorité factieuse égarait l'esprit public, fomentait des idées de fédération et rêvait la désorganisation de l'unité française.

Le club décida qu'il en serait référé au ministre de l'intérieur.

On préparait dans les clubs les listes des candidats à l'Assemblée nationale.

Les candidats étaient nombreux. Il s'agissait de savoir comment on réduirait ces noms au nombre de trente-quatre candidats.

Plusieurs propositions furent faites.

Après discussion, l'assemblée décida que l'on admettrait dès à présent sur la liste ceux qui seraient présentés par plusieurs clubs, comme offrant une plus grande garantie.

Le citoyen Longepied fit observer qu'en respectant l'opinion des clubs, qui méritait toute considération, il était impossible dans un laps de temps très-court de s'occuper de chacun des candidats, et qu'il serait sage de procéder par un premier choix, dont le résultat serait communiqué par les délégués à leurs sociétés.

Pour hâter ses délibérations, sans cependant les amoindrir, le bureau du Comité se déclara en perma-

nence jusqu'au lundi 10, minuit, prêt à recevoir toutes les communications.

A la séance du lendemain, le bureau, après avoir
fait part de l'envoi des nouveaux délégués partis pour
la province, annonça qu'il était urgent que les sociétés désignassent des candidats pour les missions dans
les Côtes-du-Nord, la Dordogne, l'Indre, les Landes,
la Lozère, la Loire-et-Cher, le Morbihan, les Hautes-
Pyrénées et le Tarn-et-Garonne.

Un citoyen se plaignit de n'avoir pas été admis par
le jury.

En réponse à sa réclamation, un membre fit observer qu'on pouvait être un excellent citoyen, avoir l'es-
time et la considération d'une commission quoiqu'elle
refusât de nous confier une mission qui exigeait des
hommes spéciaux ; que dans le choix des délégués on
recherchait les relations de famille, la profession,
qu'il pouvait arriver qu'un homme d'un certain mérite fût insuffisant.

Le reste de la séance fut consacré à l'examen du
mandat impératif à imposer aux candidats à la représentation nationale. Après discussion et délibéré, il
fut arrêté que ce mandat serait ainsi formulé : à accepter, appliquer et développer la déclaration des

droits de l'homme et de citoyen, présentée par Robespierre, dans toutes ses conséquences démocratiques.

La Commission, au nom du Club des clubs, fit part de cette décision à toutes les sociétés populaires de province, et publia cette pièce :

« *Citoyens nos frères,*

» Nous allons élire nos représentants à l'Assemblée constituante.

» Nous touchons à l'heure solennelle où, du vote de chacun de nous, dépend l'avenir de la République.

» Des citoyens sollicitent nos suffrages ;

» Devons-nous les leur donner sans conditions ? — Non !

» Plaçons au devant d'eux un drapeau dont la couleur ne permette ni l'incertitude ni le malentendu.

» Ce drapeau, il existe, c'est la *Déclaration des Droits de l'Homme et du Citoyen.*

» Qu'il nous donnent leur adhésion complète et sincère aux principes que ce drapeau proclame, et que cette adhésion reste en nos mains, comme un gage inaltérable de leur sincérité.

» Nos suffrages sont à ce prix.

» Suivez notre exemple, vous tous, nos frères ; que Février soit le triomphe du peuple et de la démocratie ; que ces trois mots : *Liberté, Égalité, Fraternité,* deviennent des vérités impérissables, et vous aurez bien mérité de la patrie.

» Salut et fraternité ! »

Les membres du bureau,

A. Huber, *président* ; Louis Deplanque, *vice-président*, H. Gadon, A. Delaire, Napoléon Lebon, Longepied, Sobrier, Cahaigne, Laugier.

Dans les séances suivantes, le Comité, exclusivement occupé de la formation de la liste des candidats, fit insérer dans le journal *la Commune de Paris*, l'avis suivant :

« Le Comité révolutionnaire prévient les bureaux des clubs, des corporations d'ouvriers, que les 13, 14 et 15 courants, seront employés à la discussion et à la formation de la liste définitive des candidats pour le département de la Seine. »

Il s'agissait de déjouer les tracasséries, les intrigues de ceux qui, sous le masque républicain, ne songeaient

qu'à lui créer des embarras, des difficultés de toute nature. La commission sentit la nécessité d'édifier les électeurs sur le choix qu'ils étaient appelés à faire. Elle publia cet avis :

« *Le Comité révolutionnaire aux électeurs républicains de France.*

» Citoyens,

» Les rois et leur entourage aristocratique vous ont traités en ilotes, en parias de la pensée ; il vous ont constamment denié vos droits politiques ; la République vous les a rendus.

» Quelques jours encore et vous nommerez les représentants de la nation : accorderez-vous vos suffrages à ceux qui, après avoir sanctionné l'exploitation de l'homme par l'homme, songent à recouvrer leurs priviléges, à ceux qui travaillent à l'envi, en faussant les élections nationales, à détruire ce que vous avez fondé, à rétablir ce que vous avez renversé ? Non, sans doute, vous n'abdiquerez pas. Nous voulons, citoyens, une assemblée, expression sincère et active du républicanisme. N'accordez donc vos suffrages qu'aux républicains connus, aux citoyens qui à toutes les époques vous ont donné des gages de leur patriotisme, de leur dévouement aux intérêts démocratiques. — Refusez-les à ces hommes qui, sous tous les régimes, ont man-

qué à leur mandat, qui ont trahi tous les souvenirs, à ces hommes qui n'eurent jamais le courage de leurs opinions, qui laissaient attaquer et proscrire un à un les droits du peuple après vous avoir juré de les défendre.

» Pas de faiblesse, pas de concessions ; sacrifiez vos affections privées au salut public. Si la vie politique des candidats qui sollicitent vos suffrages vous appartient, scrutez-la. Examinez leurs actes. N'ajoutez pas de créance à ces professions de foi si tardivement républicaines ; ne souffrez pas qu'on vous trompe.

» Il s'agit de sauvegarder les principes de Liberté, d'Égalité, de Fraternité, proclamés par la République. Avant de déposer votre vote, réfléchissez. L'urne électorale renferme les destinées de la France républicaine. Voulez-vous fermer à jamais l'abîme des révolutions, repoussez les réactionnaires et nommez des candidats vraiment républicains ? Ne prenez conseil que de vos consciences. »

Les membres du bureau de la Commission,

A. Huber, *président du Comité*; Louis Deplanque, *vice-président*; Longepied, *président de la Commission*; Barbès, Napoléon Lebon, Sobrier, Cahaigne, Laugier, H. Gadon, A. Delaire, Thiele, Deleau, Lebreton, Danse.

C'était un crime impardonnable de signaler au peuple les menées de la contre-révolution, de l'engager à se défier du machiavélisme monarchique. On prétendait alors que la réaction n'existait pas, que c'était un mythe insaisissable, un fantôme d'imaginations ombrageuses ! Et cependant, elle était à l'œuvre avec son double caractère, ou plutôt sa double action. En effet, « il y a deux sortes de réactions, dit Benjamin » Constant (1), celle qui s'exerce contre les hommes, » celle qui a pour objet les idées. Toutes deux se dis- » tinguent par l'arbitraire mis à la place de la loi, par » la passion mise à la place du raisonnement; au lieu » de juger les hommes, on les proscrit; au lieu d'exa- » miner les idées, on les rejette. Les réactions contre » les hommes perpétuent les révolutions, car elles » perpétuent l'oppression qui en est le germe ; les » réactions contre les idées rendent les révolutions » infructueuses, car elles perpétuent les idées. »

Ces deux réactions déployèrent fièrement leurs bannières, elles marchèrent de front, attaquant incessamment et les républicains et la République. Ledru-Rollin, objet des sympathies populaires, devint leur point de mire. Elles ne lui pardonnaient pas son bulletin numéro 16 (1), qui cependant contenait de sages avertissements :

(1) Réactions politiques, 1797.
(2) Du 15 avril.

« Si l'anarchie travaille au loin, si les influences sociales pervertissent le jugement ou trahissent le vœu des masses dispersées et trompées par l'éloignement, le peuple de Paris se croit et se déclare solidaire des intérêts de toute la nation.

» Citoyens, il ne faut pas que vous en veniez à être forcés de violer vous-même le principe de votre souveraineté. Entre le danger de perdre cette conquête par la faute d'une Assemblée incapable, ou celui d'un mouvement d'indignation populaire, le Gouvernement provisoire ne peut que vous avertir et vous montrer le péril qui vous menace. Il n'a point le droit de violenter les esprits et de porter atteinte aux principes du droit public. Élu par vous, il ne peut ni empêcher le mal que produirait l'exercice mal compris d'un droit sacré, ni arrêter votre élan, le jour où, vous apercevant vous-même de vos méprises, vous voudriez changer dans sa forme l'exercice de ce droit. Mais ce qu'il peut, ce qu'il doit faire, c'est de vous éclairer sur les conséquences de vos actes. Jadis les représentants du peuple sauvaient la patrie en proclamant le danger de la patrie. Dans une nation comme la France, l'idée du danger ne peut démoraliser que ceux qui n'ont pas le cœur français. Le vrai Français aime l'idée du danger, qui est pour lui l'idée même de la victoire. Eh bien ! si la patrie n'est plus en danger, comme aux jours de

6

notre première République ; si l'ennemi n'est plus établi dans nos propres rangs, il y a une lutte intellectuelle, un danger moral, qu'un grand courage moral et une grande foi dans les idées peuvent seuls conjurer. »

A cette lecture un journal s'écria :

« Encore une conspiration ! Le masque est donc jeté, la conspiration se dessine, elle éclate imprudemment avant l'heure ; la dictature, cette fois, se montre à visage découvert ; elle appelle aux armes ses partisans, et elle désigne à leurs fureurs et à leurs espérances les obstacles, les victoires, les récompenses.

» Les obstacles, c'est la volonté du pays, c'est l'Assemblée nationale ; les victimes, ce sont les amis de l'ordre, ce sont tous ceux qui possèdent ; la récompense, c'est le bien de tous, c'est la dépouille des vaincus. Aujourd'hui sur tous les murs de Paris, dans le bulletin de la République française, publié par M. le ministre de l'intérieur, on lit le premier chapitre de la proclamation de la nouvelle dictature du nouveau gouvernement que l'on a l'espoir d'inaugurer dans trois jours.

» ..... Vous ne craignez pas de conspirer ouvertement, et tout Paris sait déjà votre but et vos plans ;

tout Paris sait déjà le nom des chefs, le chiffre de vos soldats et la formule de vos premiers décrets. »

Quel était le plan, quels étaient ces chefs, quel était le chiffre des soldats, la formule des premiers décrets? C'était un mystère pour tous, excepté pour ceux qui avaient ourdi une infernale et mensongère machination.

Ces diatribes entretenaient l'anxiété, elle grandissait par les déclamations des mécontents, et sans doute par cette police occulte, convenue, suivant les expressions de M. Ducos, entre les membres modérés du gouvernement, *à demi-mot et par accord mutuel.* Survint la journée du 16 avril.

Les corporations ouvrières s'étaient réunies au Champ-de-Mars pour porter au gouvernement la pétition suivante :

« Citoyens, la réaction lève la tête; la calomnie, cette arme favorite des hommes sans principes et sans honneur, déverse de tous côtés son venin sur les véritables amis du peuple. C'est à vous, hommes de la Révolution, hommes d'action et de dévoûment, qu'il appartient de déclarer au Gouvernement provisoire que le peuple veut la République démocratique, que le peuple veut l'abolition de l'exploitation de l'homme par l'homme, que le peuple veut l'organisation du travail par l'association. Vive la République! vive le Gouvernement provisoire! »

Demander du travail, c'était vouloir le pillage, selon certaines gens. Ils criaient : Vive le Gouvernement provisoire! on prétendit qu'ils voulaient le renverser. Le rappel fut battu; la garde mobile, la garde nationale furent convoquées; Paris se crut au moment d'une révolution. Les clubs se mirent en permanence; toute la ville fut en armes. Après dix heures de marches, de contre-marches, de permanence, tout rentra dans le calme, et le lendemain chacun chanta victoire. L'attitude des clubs, des corporations ouvrières, des délégués de la garde mobile, de l'armée, de concert avec le comité révolutionnaire, empêcha la contre-révolution de livrer sa bataille. Chacun des membres de ces sociétés avait pris place dans les rangs de la garde nationale pour en contenir la partie véreuse, prêts à agir si la réaction monarchique levait la tête.

Des cris de : A bas le communisme! à bas Cabet! à bas Blanqui! furent proférés dans quelques légions. Les ennemis de la République en tirèrent parti et conclurent que la journée du 16 avril était une grande victoire, la plus complète, peut-être, de *cette révolution de Février. L'hydre révolutionnaire a eu quelques têtes de moins, ajoutent-ils, dans leur modérantisme..... Espérons que l'exécuteur ne s'arrêtera pas, lorsqu'il est en si bonne voie.*

Comment pardonner à la République d'avoir aboli la peine de mort en matière politique ?

Le Gouvernement jugea plus sainement la portée de ces sourdes hostilités, et pensa qu'il était d'une sage administration de rappeler chacun à ses devoirs de citoyen.

RÉPUBLIQUE FRANÇAISE.

LIBERTÉ, ÉGALITÉ ; FRATERNITÉ.

Proclamation.

« Citoyens,

» Au nom de ce grand principe de fraternité si glorieusement proclamé par la République, au nom de la liberté à garantir, au nom de l'ordre à établir dans la liberté, le Gouvernement provisoire, qui veille à votre sécurité, vous invite à la concorde.

» Cette concorde, il a droit de vous la demander, parce qu'il en donne lui-même l'exemple. Son vœu le plus ardent est de se présenter devant l'Assemblée nationale sans avoir eu ni à déplorer ni à punir aucune violence.

» Convaincus que les droits de la conscience humaine sont sacrés et inviolables, qu'entre de vrais républicains il ne saurait exister d'autre lutte que la discussion, la discussion bienveillante et libre, que l'union des esprits est bien près de s'accomplir quand elle a été préparée par l'union des cœurs, que les ennemis de la République peuvent seuls être intéressés à répandre la défiance, à encourager aux dissentiments par des dénominations de parti qui bientôt se traduisent en cris hostiles aux personnes.

» Le Gouvernement provisoire déclare désapprouver de la manière la plus formelle tout cri provocateur, tout appel à la division entre les citoyens, toute atteinte portée à l'indépendance des opinions pacifiques:

» Le Gouvernement, qui a inscrit le mot *Fraternité* sur les étendards de la patrie, ne saurait être qu'un pouvoir tutélaire et conciliateur.

» Le cri qu'il aime à entendre, et on le trouvera toujours prêt à en donner le signal, c'est un cri de

généreuse victoire, un cri de liberté, un cri d'espérance, c'est ce cri sauveur : *Vive la République !*

» Paris, le 18 avril 1848.

» *Les membres du Gouvernement provisoire.* »

La commission, qui avait saisi toutes les occasions
d'étendre ses relations avec l'armée, invita, lors de
la distribution des drapeaux, le 20 avril, à une fête
de famille, le colonel, des officiers, des sous-officiers
du 10ᵉ dragons, régiment qui lui avait envoyé deux
délégués, militaires fort distingués. Tous donnèrent
aux membres du comité révolutionnaire des témoi-
gnages de la plus vive sympathie pour les démocrates
qui désiraient voir à jamais renversé ce régime de
favoritisme dont tant de braves avaient été victimes.

Au milieu des bruits vagues de modification vio-
lente du Gouvernement provisoire, des personnes
jouant au dévouement avaient embrigadé une phalange qui, disait-on, veillait nuit et jour sur le ministre des affaires étrangères que personne du reste
ne songeait à attaquer. Ces individus avaient prêté
au club des clubs et à sa commission, les projets les
plus absurdes. Ce qu'on aura peine à croire, c'est
que le citoyen Lamartine avait fini par ajouter foi à
ces commérages dont il fit part au chef de l'état-ma-
jor de la garde nationale. Guinard était l'ami, le ca-

marade de plusieurs des membres du comité, et aux
craintes manifestées par le citoyen ministre des affaires étrangères , il opposa la plus énergique dénéga-
tion : « On vous a trompé, on vous trompe encore,
dit-il à M. Lamartine, quand on vous dépeint comme
hostiles à votre personne, et disposés à encourager
des actes criminels, des hommes si sincèrement dé-
voués à la République , par conséquent à ceux qui
l'ont fondée. »

Le lendemain de cette confidence , deux membres
de la commission qui s'étaient rendus chez Guinard
pour affaire de service de la légion d'artillerie, ap-
prirent comment on les avait noircis eux et leurs
collègues aux yeux du citoyen Lamartine. La commission, offensée de la coupable pensée que des intrigues lui faisaient supposer, se rendit chez le ministre. Introduite dans son cabinet, elle reconnut la
trop facile créance accordée aux calomniateurs.

Comme président de la commission, Longepied
prit la parole ; il expliqua le but de la démarche : « Si
le comité, dit-il, n'accorde pas la même confiance
aux membres du Gouvernement provisoire ; s'il re-
grette que quelques-uns semblent oublier la ligne
politique que leur traçait la révolution de 1848,
soyez convaincu, citoyen Ministre, qu'il ne souffri-
rait pas que la plus légère atteinte fût portée à l'in-

tégralité du pouvoir. Ce serait toucher à la République, et tous nous avons juré de la défendre au péril
de notre vie ; nous serons fidèles à notre serment. »

Le citoyen Lamartine qui, à l'arrivée de la commission, était resté assis derrière son bureau, quitta
sa place, prit affectueusement les mains de Longepied, et témoigna à tous combien il était sensible à
une démarche dont il appréciait le caractère. La froi-
deur fit place à une expansion qui prouva à chacun
des membres présents combien ils avaient eu raison
de mettre un terme, par une loyale déclaration, à de
sourdes menées d'intérêt, à des requêtes de positions
futures. L'entretien, qui dura près d'une heure, roula
sur les questions de politique générale, sur les assurances de bonnes et amicales relations des puissances étrangères, sur celles récemment renouvelées par
l'ambassadeur d'Angleterre.

Cette entrevue, dont ils ne connaissaient ni le but
ni le résultat, parut aux yeux d'Huber et de Napoléon
Lebon une sorte de flatterie pour M. de Lamartine ;
ils déclarèrent qu'ils ne voulaient pas en accepter la
responsabilité ; ils donnèrent leur démission. Le
Club des clubs, édifié par le récit exact de ce qui s'é-
tait passé, et instruit des motifs qui avaient déter-
miné la majorité de sa commission à se transporter
près du ministre des affaires étrangères, refusa les

démissions et donna son approbation à la conduite tenue en cette circonstance par ses représentants.

La commission comprenait trop bien sa position pour se jeter à la légère dans des démarches inconsidérées ; elle ne se représenta plus au ministère du citoyen Lamartine qu'à l'époque où le Gouvernement provisoire se déclara prêt à déposer le pouvoir dont le peuple l'avait investi ; c'était quelques jours avant l'ouverture de l'Assemblée constituante. Les clubs, on le sait, voyaient avec crainte cette abdication spontanée sans garanties données à la République. Les élections de certains départements faisaient redouter de nouveaux conflits, de nouveaux désastres. La République proclamée le 24 février, acceptée avec enthousiasme, était discutée, remise en question. On parlait d'escamotage, de surprise. Les intrigues contre-révolutionnaires s'affichaient hautement ; la démocratie était inquiète. La commission crut de son devoir de soumettre au ministre de l'intérieur le motif d'appréhensions trop légitimées par le dévergondage des diatribes réactionnaires. Ledru-Rollin, de son côté, n'était pas complètement rassuré sur l'avenir. Après avoir donné quelques détails sur la discussion qui avait eu lieu dans le sein du conseil, il finit par engager la commission à soumettre ses observations, celles des clubs, au citoyen Lamartine.

Les membres du comité se transportèrent dès le lendemain au ministère des affaires étrangères. Lamartine combattit longuement les raisons invoquées par la commission ; il se porta garant des intentions républicaines de l'Assemblée ; il assura qu'elle respecterait la République et les droits de la démocratie.

« Si, contre votre attente, lui répondit Longepied, il en était autrement, que feriez-vous personnellement ?

— Dans ce cas, dit M. Lamartine, je ne me séparerais pas de mes collègues. J'ai pris part à tout ce qu'ils ont fait, j'ai été leur complice en toute chose ; je leur resterai attaché. Je ne me ferai jamais le balai de l'Assemblée.

— Mais en supposant, répliqua Longepied, que l'Assemblée ne voulût pas admettre la République, avec qui seriez-vous ?

— Avec vous, reprit énergiquement M. Lamartine, non pour faire le coup de feu, cela n'est pas dans mon caractère, mais moralement ; vous pouvez compter sur moi. »

Malgré les assurances données sur les dispositions de l'Assemblée, la commission quitta Lamartine sous l'impression de ses premières idées. Ce sont là , du reste, les seules relations qu'elle ait eues avec l'ancien membre du Gouvernement provisoire. Cependant un citoyen qui occupe une haute place dans le parti démocratique, a écrit que le comité révolutionnaire s'était fait l'agent de Lamartine ; c'est tout bonnement une calomnie. Par la nature même de sa composition, le comité était nécessairement à l'abri d'une pareille accusation. Tous les membres avaient été nommés par l'élection ; la plupart d'entre eux ne se connaissaient pas avant ; tous depuis se sont unis par un commun dévouement aux intérêts populaires, prêts à protester contre la moindre atteinte aux principes de la Révolution de février. C'était leur devoir, c'était leur mission ; ils n'y ont point failli.

Des insinuations mensongères ont également travesti les relations de la commission avec le ministre de l'intérieur, Ledru-Rollin. Chaque soir, nous l'avons déjà dit , la liste des délégués choisis dans la journée, les états des sommes employées étaient religieusement remis. Souvent il nous est arrivé de n'être admis dans le cabinet du ministre qu'à une heure fort avancée de la nuit, à une heure et demie, deux heures. Ledru-Rollin s'entretenait avec nous des questions en délibération. En plusieurs occasions il nous manifesta l'intention de se démettre de ses fonctions. Sa présence au sein du conseil empêchait

du moins le développement des manœuvres réactionnaires, si elle était impuissante à les annihiler complétement dans leurs actes. Tous les amis de la démocratie souhaitaient que Ledru-Rollin conservât ce
pouvoir qui lui pesait; il devait au parti dont il était
le chef ce témoignage d'abnégation, de patriotisme.
Voilà pourquoi cette démission demandée par la réaction ne fut pas donnée. Il continua à siéger au sein
de ce Gouvernement provisoire divisé en deux camps,
où sept voix appuyaient les mesures contre-révolutionnaires, tandis que quatre défendaient les mesures
républicaines.

Nous avons été honorés de la confiance de Ledru-
Rollin; nous nous en félicitons. Nous espérons que
sur la terre étrangère où nos vœux, nos sympathies
l'ont suivi, il a conservé de nous le souvenir le plus
affectueux. Aussi sommes-nous étonnés de voir des
gens, qui se disent des hommes sérieux, graves, des
personnages politiques, qui ont la prétention, assez
ridicule du reste, de régenter l'opinion du parti, oser
répandre que nous ayons pu être reçus sur un autre
pied par Ledru-Rollin. On ne tend pas la main à
ceux dont on peut marchander la conscience. On ne
les traite pas en amis. Dans toutes les occasions, les
membres du comité révolutionnaire se sont faits près
de Ledru-Rollin les échos des intérêts démocratiques.
Si on les a vus dans les antichambres du ministre

où ils ont rencontré bien des transfuges, même des adversaires politiques, tels que MM. Gustave de Beaumont, Bavoux, Taschereau et autres personnes, jamais ils n'y sont venus en solliciteurs de places, de position; mais comme mandataires du Club des clubs. La calomnie n'a pas épargné Ledru-Rollin lui-même. Il a donné à tous un noble exemple bon à imiter. Soldat de la Révolution, animé du désir sincère de la faire triompher, il a souffert tout pour elle, et n'a pas perdu à relever d'odieux mensonges le temps précieux qu'il consacrait à veiller sans relâche pour le succès d'une cause à laquelle il a tout sacrifié. L'histoire lui rendra justice; pendant son ministère aucune vengeance n'a été exercée, aucune proscription ordonnée, aucun journal supprimé. On a respecté toutes les libertés. L'ordre a été constamment maintenu; l'émeute n'a pas grondé. Pas une goutte de sang n'a été répandue; pas un pavé n'a frémi sous le bruit du canon, et cela au grand déplaisir de ces réactionnaires qui agitaient à l'envi le fantôme de 1793.

A l'approche des élections, les légitimistes, les or-
léanistes, assoupirent leurs vieilles rancunes pour se
coaliser contre l'ennemi commun, la République.
Ils s'emparèrent habilement de certains commissaires fort accommodants, en leur promettant l'entrée
de l'assemblée constituante. On vit ces pauvres hères
solliciter l'appui, l'assistance de l'obscurantisme et
du jésuitisme. Quelle conversion !

Ledru-Rollin n'ignorait pas ces petites trahisons
d'ambition ; il essaya d'éclairer ses collègues sur
leurs conséquences ; mais la majorité du conseil
dans son optimisme de circonstance, se contentait
de répéter : « Laissons faire, laissons passer. » La
contre-révolution reprenait courage. La commission
du comité révolutionnaire était chaque jour saisie de
nouveaux renseignements sur de coupables manœuvres ; elle les signalait inutilement à ceux qui auraient dû les prévenir, qui depuis ont compris leur
aveuglement, qui l'expient aujourd'hui.

Dans son optimisme, l'aristocratie de la démocratie déployait une extrême activité pour prendre toutes
les positions ; pour se maintenir seule et sans rivalité

au pouvoir, elle tendait à un ostracisme électoral contre Raspail, Cabet, Pierre Leroux, Proudhon, et tous les publicistes avec lesquels il aurait fallu discuter. Un certain comité composé des amis du *National* faisait une guerre d'exclusion à tous les chefs du parti de *la Réforme.* Cette tactique n'échappa point à un journaliste dont chacun reconnaît la supériorité, à M. Émile de Girardin. Aussi disait-il dans son journal *la Presse* (1) : « Ce sont précisément ces candidats que nous eussions placés en tête de notre liste, si nous en avions dressé et publié une. Nous ne comprenons pas une révolution sociale qui laisse les socialistes à la porte de l'enceinte législative. Mais, dit-on, c'est qu'il est des socialistes dont les idées exagérées sont dangereuses. Cet argument n'est pas neuf : c'est celui dont un autre régime se servait pour combattre les candidatures de MM. Ledru-Rollin, Garnier-Pagès. Où cela l'a-t-il conduit ? »

Cette opinion, partagée par la presque unanimité du club des clubs, fit adopter la liste suivante, sur laquelle figuraient les républicains qui avaient toujours lutté contre la monarchie, les membres du Gouvernement provisoire dont les sympathies pour le peuple n'étaient pas douteuses, et les ouvriers que

(1) Numéro du 13 avril 1848.

la Commission du Luxembourg avait désignés comme représentant les corporations.

Voici la liste adoptée par le Comité :

Adam	Dupuis	Martin-Bernard
Albert	Flocon	Montagne
Et. Arago	Flotte	A. Perdiguier
A. Barbès	Gautier	Proudhon
Hip. Bérard	Griveau	Raspail (1)
Louis Blanc	Guillaumont	Redon
Caussidière	A. Huber	Savary
Carthigny	Lagarde	Sobrier
Charles	Napoléon Lebon	Thoré
Chevassus	Ledru-Rollin	Valerio
Deplanque	Pierre-Leroux	
Drevet	Malarmet	

(1) Dans une brochure sous le titre de : *Procès et défense du citoyen F. V. Raspail devant la haute-cour de Justice séant à Bourges*, et qui a paru quelques jours avant l'ouverture des débats de l'affaire Hubert devant la haute cour de Versailles, on lit cette phrase :

« Le Club des clubs avait été institué par la police du Gouvernement provisoire pour centraliser l'action des clubs sur les élections, ce qui signifie faire élire ces *messieurs et leurs coteries respectives*. »

Sans doute Raspail ne s'est pas donné la peine de lire la liste ci-dessus, car son nom qui s'y trouve inscrit, prouve mieux que

Tous les délégués formant le Club des clubs s'engagèrent d'honneur à porter, de concert avec leur club, les sociétés ouvrières, ces candidatures choisies, après une mûre délibération. Le départ de M. Cabet, annoncé dans son journal *le Populaire*, fit substituer un nom au sien qui avait été primitivement adopté par l'assemblé générale. On regrettait que des démocrates n'eussent pas été maintenus, et quelques personnes colportèrent çà et là des listes tronquées, afin d'escamoter les suffrages des clubs; mais leur tentative échoua.

Sobrier, dont l'excellent cœur, la nature si bienveillante était souvent exposés aux ardentes sollicitations de certaines petites ambitions non satisfaites, ouvrit les colonnes de *la Commune de Paris* à ces listes de contrebande. Un moment il reconnut le piége qu'on lui avait tendu et crut devoir s'en expliquer dans son journal.

« La *Commune de Paris*, disait-il (1), a donné la tout ce qu'on pourrait dire, combien cette assertion est peu fondée. Si le comité révolutionnaire eut travaillé sous l'influence et dans l'intérêt des membres du Gouvernement provisoire et de leurs côteries, ceux-ci n'auraient pas laissé mettre sur la liste le nom du citoyen Raspail, dont l'opposition au gouvernement provisoire était patente, et au lieu de quatre d'entre eux qui figurent sur la liste, ils y auraient tous été portés.

(1) 24 avril 1848.

liste du comité révolutionnaire représentant le Club des clubs et en même temps une deuxième liste. Des citoyens nous ayant demandé pourquoi certains noms ne s'y trouvaient pas, nous devons nous expliquer à cet égard. Il y a des citoyens qui seront portés dans les départements par un si grand nombre de suffrages, que nous avons jugé préférable d'attirer les votes de Paris sur des patriotes qui avaient moins de chances ailleurs, et il ne faut pas oublier que c'est à Paris surtout que les suffrages peuvent être portés sur des socialistes et des ouvriers. Nous devons déclarer cependant que notre intention n'a jamais été d'exclure des noms tels que ceux de Béranger, *Lamartine* (1), Lamennais, etc., qui sont à la fois *révolutionnaires et socialistes*. Si pour faire place à ces noms, des citoyens désirent en retrancher d'autres dans la liste du comité révolutionnaire, nous désirons que l'on commence par le *nôtre*. »

Le comité révolutionnaire persistait dans son choix. La liste était la seule qui reproduisît les noms des élus des corporations ouvrières, dont les délégués siégeaient au Luxembourg. Les délégués de deux cents clubs, des corporations ouvrières, de la garde mobile et de l'armée, au nombre de plus de douze

(2) M. Lamartine ne désavoua pas alors la déclaration de Sobrier. Révolutionnaire et socialiste, mais depuis...

mille, avaient pris, comme nous l'avons dit, l'engagement d'honneur de faire voter sans nouvelle discussion cette liste définitive arrêtée après de mûres délibérations auxquelles tous avaient pris part. Le comité révolutionnaire fit appel au patriotisme de chacun des membres des diverses assemblées dont il était l'expression pour l'exécution de l'engagement solennellement pris par les délégués au nom de tous. C'était le meilleur moyen de déjouer les intrigues des petites coteries de toutes les couleurs.

Mais les petites églises sont entêtées; elles ne se tinrent pas pour battues, elles arrachèrent à la condescendance de Sobrier cette nouvelle déclaration :

« La *Commune de Paris* ne prétend patroner aucune liste. Elle en a communiqué plusieurs qui lui ont été apportées par des citoyens et par le comité révolutionnaire (1) ; elle croit de son *devoir* d'en soumettre de nouvelles aux citoyens. C'est à leur intelligence, à leur patriotisme qu'elle se confie. »

Ces tergiversations secondaient les vues de la réaction; elle en profita. Une feuille attaqua le comité. Laissons-la parler :

(1) Ce journal avait sollicité la désignation de son *Moniteur officiel*, et le comité y avait consenti.

« N'est-ce pas assez qu'à Paris dans des réunions qui ont la prétention de représenter le véritable esprit de la population, un comité qui se nomme lui-même le comité révolutionnaire, ait arrêté et publié une liste de candidats au nom des délégués de deux cents clubs, de toutes les corporations ouvrières, de la garde mobile et de l'armée, siégant au Palais-National et au Luxembourg, liste de laquelle sont exclus tous les membres du Gouvernement provisoire, à l'exception de MM. Louis Blanc, Albert, Ledru-Rollin et Flocon? N'est-ce pas assez que des agents équivoques qu'on dirait au service d'un comité révolutionnaire plus que d'un pouvoir régulier, aillent porter des ordres souverains d'une dictature anonyme, non-seulement au fond de nos provinces; mais, comme on le verra, jusqu'en Algérie, faudra-t-il encore que l'assemblée nationale soit soumise au contrôle particulier ou aux épurations du club des clubs et de son comité révolutionnaire (1), et qu'on apprenne définitivement quel est le pouvoir auquel la nation doit obéir. »

Un autre journal qui à l'occasion du 16 avril, avait annoncé la conspiration des clubs, sentit la nécessité de renchérir sur les appréciations de son confrère.

____

(1) Ce n'était pas deux institutions différentes. Le Comité révolutionnaire n'est autre que le Club des clubs.

7.

Donnant un libre cours à son imaginative, il publia l'article suivant :

« Un complot existe, il y a des conspirateurs.

» N'est-il pas du devoir de chacun de dire ce qu'il sait du complot et de traduire à la barre de l'opinion les conjurés qui mettent la patrie en danger ? En ce moment si des hommes mécontents conspiraient pour mettre au pouvoir le duc de Bordeaux, le comte de Paris, le prince de Joinville, ou l'un des Bonaparte, leurs tentatives insensées et coupables seraient accueillies avec indignation, seraient réprimées avec énergie par tous les amis de l'ordre, par tous les républicains sincères.

» Comment donc faut-il accueillir les hommes qui pour l'essai de leurs utopies ou le triomphe de leurs passions, conspirent et préparent au profit de l'on ne sait quelle dictature de hasard, quelle république de la place de Grève, la perte probable de la vraie république, de la république de tous, la ruine certaine de la patrie ?

» Écoutez-les :

» C'est le peuple qui a fait la révolution de février; c'est au peuple à choisir les chefs du gouvernement de la France. Le peuple choisira comme un seul homme ses véritables défenseurs en acceptant les trente-quatre noms suivants.

» Ces trente-quatre représentants du peuple formeront le conseil des trente-et-un avec trois consuls.

» La nouvelle république sera constituée et de nouveaux décrets compléteront son œuvre.

» Par ces décrets les élections des départements seront annulées et ajournées.

» Des représentants du peuple partiront pour les provinces. Les magistrats seront suspendus. »

La commission du comité révolutionnaire adressa la réponse suivante à son premier adversaire :

« Citoyen rédacteur,

» Dans votre numéro du 25 avril, vous attaquez avec violence le comité révolutionnaire composé des délégués des clubs, des corporations d'ouvriers, de la garde nationale mobile et de l'armée.

» Le comité ne s'en étonne nullement : il s'attendait à peu de ménagements de la part de vos patrons, ex-membres de l'ex-chambre des députés, de la part de votre rédacteur en chef (1), leur collègue et leur

(1) M. Chambolle, aujourd'hui rédacteur en chef de l'*Ordre*.

ami, qui tous n'ont osé sous le régime déchu suivre l'exemple donné par le publiciste du journal *la Presse*.

» Révoltez-vous contre la souveraineté du peuple si vous rêvez encore un pouvoir dont vous convoitez les portefeuilles, libre à vous ; mais le comité révolutionnaire ne reconnaît que le peuple ; il respecte sa souveraineté ; il ira dans les rangs du peuple combattre ceux qui oseraient y porter atteinte.

» A l'occasion de la liste publiée, vous prononcez le mot *exclusion*. Le comité révolutionnaire n'excluera jamais que les faux républicains, que ceux qui regardent la république nouvelle comme une transition à un ordre de choses que le peuple répudie, qu'il a renversé et qu'il renverserait encore.»

» Vous paraissez surpris que tous les noms des membres du Gouvernement provisoire n'aient pas été portés sur la liste votée par les délégués des clubs, des corporations, de la garde nationale mobile et de l'armée. Dans la liste votée, quatre places étaient réservées aux membres du gouvernement provisoire ; la majorité les a désignées.

» Vous semblez méconnaître le caractère du comité révolutionnaire, sa politique, sa ligne de conduite ; les voici.

» Les membres du comité révolutionnaire, organe

dès clubs, des corporations d'ouvriers, de la garde mobile et de l'armée, déclarent qu'ils donneront toujours, comme ils ont toujours donné des preuves de leur sympathique dévouement au Gouvernement provisoire; ils ne feront appel à la force, à la puissance du peuple, que si les partis qui cherchent aujourd'hui à surprendre sa religion osaient conspirer ouvertement contre sa souveraineté.

(Suivent les signatures.)

Le journal (1), dans sa réplique que nous analysons, déclara qu'il avait non attaqué avec violence le comité, mais interrogé le gouvernement *avec anxiété* au sujet de ce pouvoir anormal constitué sous une forme militante; que le rédacteur en chef avait été le premier des députés qui ont conseillé à ses collègues de donner leur démission; que dans deux réunions successives il avait soutenu cette opinion *avec énergie* (2); que pour proclamer le principe de respect à la souveraineté du peuple, il n'avait pas attendu la chute de la monarchie; qu'il ne connaissait pas les partis qui conspiraient, et que s'il y avait réellement des conspirateurs, la France entière se lèverait pour étouffer leurs complots. Il terminait en engageant le comité à prendre une attitude pacifique.

(1) Voir *le Siècle* du 27 avril 1848.

(2) M. de Girardin seul avait donné sa démission de député.

Nous croyons, disait-il, que la plupart des membres ont fait dans d'autres temps et feraient encore au besoin leurs preuves de courage; mais aujourd'hui la patrie n'est point en danger, il n'y a pas de conspirateurs à pourfendre. La paix, l'union, voilà ce que la République demande.

Au nom de cette paix, de cette union proclamées par ce journal, quatre membres du comité se rendirent près du second adversaire politique, afin de s'expliquer sur la portée des insinuations dirigées contre le Club des clubs, contre son organe, la commission. L'entretien fut long, mais tel qu'il se comporte entre hommes de cœur. On se sépara, restant chacun sur son terrain, en dehors des personnalités, se promettant de les respecter de part et d'autre, mais avec une conviction bien différente. La commission reconnaissait la République comme définitive, inattaquable ; ses adversaires la regardaient comme une *transition*.

Comme on le voit, les travaux du comité ne se renfermaient pas seulement dans la question électorale; il était obligé d'être sur la brèche à toutes attaques dirigées ouvertement contre les principes qu'il avait mission de faire respecter, de défendre. Triste alternative de sa position, il fut calomnié par ses co-religionnaires induits sans doute en erreur; et toujours en butte aux menaces, aux invectives des partis qui désiraient le retour du passé.

Fidèle à son caractère, il dut rappeler aux démocrates ce qu'on devait attendre d'eux dans la lutte de scrutin prête à s'engager, et leur adressa l'avis ci-joint :

LE COMITÉ RÉVOLUTIONNAIRE

AU PEUPLE RÉPUBLICAIN.

« Peuple,

» De l'urne électorale va sortir l'Assemblée nationale chargée de constituer la République que tu as proclamée.

» Ne t'endors pas dans une aveugle confiance.

» La légitimité qui s'agitait, l'orléanisme qui se glissait dans l'ombre, conspirent au grand jour ; ils font appel à leurs partisans ; ils proclament la guerre civile ; leurs organes ne dissimulent pas leurs projets liberticides. Si tu en doutes, lis-les. Surveille avec vigilance les insensés qui rêvent les royautés, qui travaillent à les rétablir. Surveille ces ambitions égarées qui songeraient à t'imposer un despotisme impossible que tu répudies.

» Si, dans leur aveuglement, ils osent attaquer ta souveraineté, fais justice des rebelles.

» Espérons encore pour le bonheur de la France que ces partis reconnaîtront eux-mêmes leur impuissance ; qu'ils s'y résigneront, qu'ils renonceront à provoquer ta juste colère. Mais pour les maintenir, que ton œil soit ouvert sur eux, comme l'a dit le citoyen Lamennais, reste debout prêt à défendre la République démocratique contre les attaques de ses ennemis, quel que soit leur nom ; contre les fauteurs de la royauté qui l'abattraient au pied du trône ; contre les fauteurs de l'anarchie qui la traîneraien t dans une boue sanglante. Vive la République !

» *Les membres du bureau et de la commission.*

   » Hubert, Deplanque, Longepied, Barbès,
    Cahaigne, Chavant, C. Danse, Delaire,
    Deléau, Gadon, Laugier, Lebreton. Na-
    poléon Lebon, Sobrier, Thiele. »

Les élections générales terminées, les membres de la commission activèrent le retour des délégués en mission dans les départements ; mais l'œuvre de propagande à laquelle ils s'étaient voués leur paraissait incomplète. Ces principes d'égalité, de liberté, de fraternité préconisés, répandus partout, avaient-ils pénétré dans les masses; leur influence régénératrice se faisait-elle sentir dans l'organisation sociale? Telle était la question du moment, question brûlante dont la solution défiait les intelligences. Dans ces circonstances, il fallait faire appel au concours de toutes les capacités politiques et économistes, les convier à l'amélioration du sort des travailleurs, à la réalisation des réformes populaires, à la destruction des abus qui gênaient le mouvement intellectuel, industriel, commercial; faire, en un mot, du socialisme vrai, pratique. C'était le vœu de ceux qui ne séparèrent jamais la liberté du pouvoir, qui voulaient voir abolir l'antagonisme qu'on entretient perfidement contre eux. Le pouvoir sans la liberté, c'est le despotisme; la liberté sans le pouvoir, c'est l'anarchie. Le pouvoir avec la liberté, c'est la justesse de l'équilibre, la souveraineté de la raison, l'affermissement des institutions, la pacification des esprits, la sécurité de l'avenir, le droit à l'état de fait. Voilà le but où tendaient les esprits voulant sincèrement le progrès.

Comment rendre le pouvoir plus fort sans donner d'ombrage à la liberté; à rendre la liberté plus étendue sans donner d'ombrage au pouvoir? La difficulté se présentait à tous, mais tous ne devaient-ils pas chercher à la surmonter pour fermer à jamais l'abîme des révolutions? Mus par cette patriotique pensée, les membres de la commission publièrent le manifeste de la *Société des amis de la République*, auquel adhérèrent non seulement un grand nombre de sociétés démocratiques des départements, mais encore plusieurs de nos sommités parlementaires. Cette pièce fut favorablement accueillie même par les journaux rétrogrades. En voici le texte :

« Le but de la société est de défendre la République démocratique une, indivisible, proclamée par le peuple le 14 Février 1848, et consacrée par l'acclamation spontanée et unanime de l'Assemblée nationale, le 4 mai.

» La société n'adopte exclusivement aucune école, mais elle ne repousse aucune d'elles; se posant sur le terrain de la politique; elle est prête à discuter toute idée de quelque part qu'elle vienne, à l'admettre s'il y a lieu, et à user de tous les moyens de discussion, de publicité, d'influence morale, pour les faire accepter par la majorité de la nation à laquelle elle entend tout soumettre et ne rien imposer.

» La société, convaincue que le 24 Février a sonné l'heure solennelle et suprême qui marque la chute du vieux monde et l'avènement d'un monde nouveau, reconnaît que la Révolution est plus sociale que politique, et déclare que si l'histoire du vieux monde s'est terminée par une page sanglante, tous doivent faire que l'histoire du monde nouveau qui commence soit puré de tout sanglant débat. Pénétrée des sentiments unanimes de la nation française, la *Société des amis de la République* déclare encore que si, oubliant les principes de la fraternité, des insensés rêvaient d'imposer à la majorité par la force et la violence un ordre social impossible;

» Que si d'autres, par des manœuvres plus habiles, tentaient de nous ramener à la monarchie en tuant la liberté par la licence, l'ordre par l'anarchie, la souveraineté populaire par la dictature de la rue ; elle s'opposerait par tous les moyens à toute tentative reactionnaire de quelque part qu'elle vienne, à toute tentative anarchique, à toute conspiration contre la souveraineté du peuple.

» Oubli du passé, union, paix entre tous ; que tous s'absorbent dans une républicaine fraternité; que la France donne au monde l'exemple qu'elle lui doit d'un ordre social moral et politique, destiné par la seule puissance de la raison à faire le tour du monde, comme l'a fait jadis par la force des armes son glorieux drapeau. »

Pour faciliter aux membres des autres sociétés, des assemblées politiques, les moyens d'assister aux séances de la *Société des amis de la République*, les fondateurs avaient fixé l'heure des réunions à onze heures du soir. Le jour de l'inauguration de ce centre de la démocratie était désignée lorsque les événements du 15 mai désorganisèrent la commission

Dès le 13, une pétition en faveur de la Pologne avait été apportée à l'Assemblée nationale : les pétitionnaires s'étaient arrêtés sans opposition à une grande distance de l'enceinte législative, et la pétition avait été déposée dans les formes ordinaires. Le matin même on avait placardé sur les murs de Paris une affiche annonçant une nouvelle manifestation pacifique pour le lundi 15. Beaucoup de démocrates, quoique sympathiques aux intérêts de la Pologne, ne voyaient pas sans inquiétude leur parti se lancer dans les hasards d'une manifestation patriotique que la réaction s'efforcerait de détourner de son but en exaltant l'enthousiasme populaire. Barbès, au club de la Révolution, avait exprimé hautement l'opinion qu'un guet-apens pourrait faire dégénérer cette solennelle démarche en un 5 et 6 juin.

Les membres de la commission partageaient cette manière de voir : ils usèrent de toute leur influence pour empêcher leurs amis de prendre part à cet acte de dévouement fraternel pour nos frères de la Pologne ; mais toutes les dispositions étaient prises ; les groupes se formaient sur la place de la Bastille ; on annonçait que déjà la colonne se mettait en marche. La commission, cédant aux sollicitations d'un grand nombre de ses coreligionnaires politiques, se décida , après une assez longue délibération, à prévenir toute collision entre les troupes massées autour de l'Assemb'ée nationale et les citoyens qui avaient cru devoir porter les vœux du peuple aux représentants de la nation. Elle se rendit près de la Commission exécutive. M. Arago, dans le court entretien qu'il eut avec les membres du comité, ne laissa voir qu'une hésitation malheureuse dans des circonstances qui exigeaient de promptes décisions. Ledru-Rollin, averti par son collègue, déclara que le Pouvoir exécutif désirait ardemment.éviter tout conflit ; mais qu'il espérait qu'aucune atteinte ne serait portée à la majesté de la représentation nationale, et il invita la commission à employer tous les moyens en son pouvoir pour que la manifestation conservât son caractère calme, pacifique. « C'est un nouvel acte de dévouement à la cause républicaine, ajouta-t-il, que nous attendons tous de vous, et en mon particulier, je compte sur votre empressement à réaliser les vœux de la Commission exécutive, de tous les bons républicains. »

En quittant le petit Luxembourg, la commission se

partagea en plusieurs groupes pour faire connaître aux présidents des clubs, avec lesquels elle était restée dans les meilleures relations, lo résultat de sa démarche. Le temps ne permit pas que les intentions conciliatrices du pouvoir fussent connues assez promptement des masses, qu'une sorte de fatalité poussait à l'envahissement de l'enceinte législative. Les faits qui se sont passés ont été constatés par une enquête, un procès ; nous ne les rapporterons pas. Nous nous bornerons à dire que les membres de la commission restèrent fidèles à leurs convictions, déplorant les conséquences d'événements qui ont livré le pouvoir à leurs adversaires politiques. Deux d'entre eux, Longepied et Danse, furent mis en état d'arrestation. Deux autres furent également arrêtés quelque temps, lorsqu'ils se présentèrent, à neuf heures du soir, à la suite de l'envahissement du domicile de la commission, rue de Rivoli, n° 6, par la garde nationale et le commissaire de police Samson, agissant sans ordre, de son propre aveu, mais sur l'indication donnée par un sieur Comment (1), candidat du club de l'Emancipation, comme délégué pour les départements, et refusé par le jury.

A la suite de ces événements, la commission se

(1) Le sieur Comment signa le rapport du commissaire de police, Samson.

trouva dissoute de fait. Ses travaux étaient d'ailleurs terminés (1).

Chacun, a-t-on dit, a compris la République à sa façon.

Le récit que nous avons tracé dira comment les membres de la commission du comité révolutionnaire l'avaient comprise.

Dans toutes les circonstances, en dépit des persécutions, des attaques, des calomnies, leur foi est restée la même dans cette République qui voulait l'union là où était la division, la fraternité où dominaient la haine, l'esprit de vengeance; qui demandait la consécration des principes évangéliques, qui invitait chaque citoyen à reconnaître qu'il était de son intérêt, de son devoir, de ne pas se tenir à l'écart et de venir opposer des paroles de conciliation aux déclamations dangereuses, l'esprit de justice et de liberté à l'anarchie.

(1) Depuis, comme individus, tous se sont empressés de faire compléter par le pouvoir la somme due à quelques délégués qui avaient prolongé leur séjour dans les départements. Ils étaient parvenus à obtenir ce règlement de la commission exécutive, lorsque les événements de juin ne leur ont plus permis de continuer leurs démarches. Il paraît, du reste, que la plupart des intéressés réclamants ont été indemnisés.

Ils ont vu sans découragement ridiculiser, calomnier les institutions populaires, entraver les hommes de bonne volonté, refuser des améliorations promises, devenues nécessaires ; l'abandon des réformes sociales, le ridicule habilement jeté sur les principes, sur les institutions: les vœux du retour de la monarchie, rien n'a altéré leur confiance dans l'avenir.

L'esprit populaire peut être refoulé, mais ne saurait être vaincu. Malgré des fautes, impossible peut-être à éviter, des impatiences excitées, des déceptions nombreuses, la démocratie avance. Pour arrêter sa marche, n'organisait-on pas, en 89, le pacte de famine, n'appelait-on pas l'étranger, ne conspirait-on pas contre l'affranchissement populaire? Tout cela a-t-il empêché les révolutions de 89 et de 92? Le peuple n'a-t-il pas conquis la suppression de la dîme, la liberté religieuse, politique et civile? Vainement! Bonaparte et la branche aînée des Bourbons, après de trompeuses promesses, ont essayé de reconstituer ce que la Révolution avait renversé. Louis-Philippe n'a pas même réussi à restaurer ce que le peuple avait détruit en 1830.

(1) [illegible]

— Les conspirations monarchiques, les unions monstrueuses des vieux partis, les mesures arbitraires qui tendraient à détruire ce que le peuple a édifié aux grands jours, ce sont là les dernières convulsions d'un

passé qui se meurt. Il existe dans les esprits un sentiment de justice assez puissant pour disputer l'empire
du monde au vieux principe qui se régit encore tant
bien que mal, et assez ferme pour s'emporter avec le
temps à tout jamais.

Foi en l'avenir, dans la puissance des idées, confiance dans les principes de nos révolutions de 89,
de 1830, de 1848; liberté, égalité, fraternité, voilà ce
que répéteront les révolutionnaires, aussi éloignés de
l'anarchie que de la réaction.

FIN.

Typ. Dondey-Dupré, rue Saint-Louis, 46, au Marais.

9 782014 450354